傍訓 市制町村制 全

附 理由

【明治21年初版】

鶴聲社 編

地方自治法研究復刊大系〔第二三三巻〕

傍訓 市制町村制 全

〔明治二十一年初版〕

附 理由

日本立法資料全集 別巻 1043

信山社

明治廿一年四月十七日公布法律第一號

傍訓

市制町邨制

附理由

全

發兌

鶴聲社

◎法律

朕《ちん》地方共同《ちはうきようどう》の利益《りえき》を發達《はつたつ》せしめ衆庶臣民《しうしよしんみん》の幸福《かうふく》を增進《ぞうしん》することを欲《ほつ》し隣保團結《りんぽうだんけつ》の舊慣《きうくわん》を存重《そんちよう》して益々《ますます》之《これ》を擴張《くわうちやう》し更《さら》に法律《はふりつ》を以《もつ》て都市《とし》及《および》町村《ちやうそん》の權義《けんぎ》を保護《ほうご》するの必要《ひつえう》を認《みと》め茲《こゝ》に市制《しせい》及《および》町村制《ちやうそんせい》を裁可《さいか》して之《これ》を公布《こうふ》せしむ

御名　御璽

明治二十一年四月十七日

内閣總理大臣伯爵伊藤博文
内務大臣伯爵山縣有朋

法律第一號《はふりつだいがう》

市制《しせい》

第《だい》一章《しやう》　總則《そうそく》

第《だい》一款《くわん》　市《し》及《およ》び其區域《そのくゐき》

第《だい》二款《くわん》　市住民《しぢうみん》及《およ》び其權利義務《そのけんりぎむ》

第《だい》三款《くわん》　市條例《しでうれい》

第《だい》二章《しやう》　市會《しくわい》

第《だい》一款《くわん》　組織《そしき》及《およ》び選擧《せんきよ》

第《だい》二款《くわん》　職務權限《しよくむけんげん》及《およ》び處務規程《しよむきてい》

第《だい》三章《しやう》　市行政《しぎやうせい》

第《だい》一款《くわん》　市參事會《しさんじくわい》及《およ》び市吏員《しりゐん》の組織選任《そしきせんにん》

第《だい》二款《くわん》　市參事會《しさんじくわい》及《およ》び市吏員《しりゐん》の職務權限《しよくむけんげん》及《およ》び處務規程《しよむきてい》

第《だい》三款《くわん》　給料《きうれう》及《およ》び給與《きうよ》

第《だい》四章《しやう》　市有財産《しいうざいさん》の管理《くわんり》

市《し》制《せい》

第《だい》一章《しやう》 總《そう》則《そく》

第《だい》一款《くわん》 市及其區域《しおよびそのくゐき》

第《だい》一條《でう》 此法律《このはふりつ》は市街地《しがち》にして郡《ぐん》の區域《くゐき》に屬《ぞく》せず別《べつ》に市《し》と爲《な》すの地《ち》に施行《しかう》するものとす

第《だい》二條《でう》 市《し》は法律上《はふりつじやう》一個人《こにん》と均《ひとし》く權利《けんり》を有《いう》し義務《ぎむ》を負擔《ふたん》し凡市《およそし》の公共事務《こうきようじむ》は官《くわん》の監督《かんとく》を受《う》けて自《みづか》ら之《これ》を處理《しより》するものとす

第《だい》三條《でう》 凡市《およそし》は從來《じうらい》の區域《くゐき》を存《そん》して之《これ》を變更《へんかう》せず但將來其變更《たゞしせうらいそのへんかう》を要《えう》することあるときは此法律《このはふりつ》に準據《じゆんきよ》す可《べ》し

第《だい》四條《でう》 市《し》の境界《きやうかい》を變更《へんかう》し又《また》は町村《ちやうそん》を市《し》に合併《がつぺい》し及《およ》び市《し》の區域《くゐき》を分割《ぶんかつ》することあるときは町村《ちやうそん》制《せい》第四條を適用《てきよう》す

第《だい》五條《でう》 市《し》の境界《きやうかい》に關《くわん》する爭論《さうろん》は府縣參事會之《ふけんさんじくわいこれ》を裁決《さいけつ》す其府縣參事會《そのふけんさんじくわい》の裁決《さいけつ》に不服《ふふく》ある者《もの》は行《ぎやう》政裁判所《せいさいばんしよ》に出訴《しゆつそ》することを得《う》

第《だい》二款《くわん》 市住民及《しぢうみんおよ》び其權利《そのけんり》義務《ぎむ》

第六條 凡市內《およそしない》に住居《ぢうきよ》を占《し》むる者《もの》は總《すべ》て其市《そのし》住民《ぢうみん》とす
凡市住民《およそしぢうみん》たる者《もの》は此法律《このはふりつ》に從《したが》ひ公共《こうきよう》の營造物並《えいざうぶつならび》に市有財産《しいうざいさん》を共用《きようよう》するの權利《けんり》を有《いう》し及《およ》び

第四章 市有財産《しいうざいさん》の管理

市《し》の負擔《ふたん》を分任《ぶんにん》するの義務《ぎむ》を有《いう》するものとす但特《たゞしとく》に民法上《みんはふじやう》の權利《けんり》及《およ》び義務《ぎむ》を有《いう》する者《もの》あるときは此限《このかぎ》りに在《あ》らず

第七條　凡帝國臣民《およそていこくしんみん》にして公權《こうけん》を有《いう》する獨立《どくりつ》の男子《だんし》二年以來《いらい》(一)市《し》の住民《ぢうみん》となり(二)其市《そのし》の負擔《ふたん》を分任《ぶんにん》し及《およ》び(三)其市內《そのしない》に於《おい》て地租《ちそ》を納《をさ》め若《もし》くは直接國税年額《ちよくせつこくぜいねんがく》二圓以上《いじやう》を納《をさ》むる者《もの》は其市公民《しこうみん》とす其公費《そのこうひ》を以《もつ》て救助《きうじよ》を受《う》けたる後《のち》二年《ねん》を經《へ》ざる者《もの》は此限《このかぎり》に在《あ》らず但場合《たゞしばあひ》に依《よ》り市會《くわい》の議決《ぎけつ》を以《もつ》て本條《ほんでう》に定《さだ》むる二ヶ年《かねん》の制限《せいげん》を特免《とくめん》することを得《う》、此法律《このほふりつ》に於《おい》て獨立《どくりつ》と稱《しよう》するは滿《まん》二十五歳《さい》以上《いじやう》にして一戸《こ》を構《かま》へ且治產《かつぢさん》の禁《きん》を受《う》けざる者《もの》を云《い》ふ

第八條　凡市公民《およそしこうみん》は市《し》の選擧《せんきよ》に參與《さんよ》し市《し》の名譽職《めいよしよく》に選擧《せんきよ》せらるゝの權利《けんり》あり又其名譽職《またそのめいよしよく》を擔任《たんにん》するは市公民《しこうみん》の義務《ぎむ》なりとす

左《さ》の理由《りゆう》あるに非《あら》ざれば名譽職《めいよしよく》を拒辭《きよじ》し又《また》は任期中退職《にんきちうたいしよく》する事《こと》を得《え》ず

一　疾病《しつぺい》に罹《かゝ》り公務《こうむ》に堪《た》へざる者《もの》

二　營業《えいげふ》の爲《ため》に常《つね》に其市內《そのしない》に居《を》る事《こと》を得《え》ざる者《もの》

三　年齡滿《ねんれいまん》六十歳以上《さいいじやう》の者《もの》

四　官職《くわんしよく》の爲《た》めに市《し》の公務《こうむ》を執《と》る事《こと》を得《え》ざる者《もの》

五　四年間無給《ねんかんむきう》にして市吏員《しりいん》の職《しよく》に任《にん》じ爾後《じご》四年《ねん》を經過《けいくわ》せざる者及《ものおよ》び六年間市會議員《ねんかんしくわいぎゐん》の職《しよく》に居《を》り爾後《じご》六年《ねん》を經過《けいくわ》せざる者《もの》

六　其他《そのた》市會《しくわい》の議決《ぎけつ》に於《おい》て正當《せいたう》の理由《りゆう》ありと認《みと》むる者《もの》

前項《ぜんこう》の理由《りゆう》なくして名譽職《めいよしよく》を拒辭《きよじ》し又《また》は任期中退職《にんきちうたいしよく》し若《もし》くは無任期《むにんき》の職務《しよくむ》を少《すく》なくも三年間《ねんかん》擔當《たんたう》せず又《また》は其職務《そのしよくむ》を實際《じつさい》に執行《しつかう》せざる者《もの》は市會《しくわい》の議決《ぎけつ》を以《もつ》て三年以上六年以下《ねんいじやうねんいか》其市公民《そのしこうみん》たるの權《けん》を停止《ていし》し且同年期間《かつどうねんきかん》其負擔《そのふたん》すべき市費《しひ》の八分《ぶ》一乃至《ないし》四分《ぶ》一を增課《ぞうくわ》することを得《う》

前項市會《しくわい》の議決《ぎけつ》ニ不服《ふふく》ある者ハ府縣參事會《ふけんさんじくわい》に訴願《そくわん》し其府縣參事會《けんさんじくわい》の裁決《さいけつ》に不服《ふふく》ある者は行《ぎやう》政裁判所《せいさいばんしよ》に出訴《しゆつそ》することを得《う》

第九條　市公民《こうみん》たる者第七條に掲載《けいさい》する要件《えうけん》の一を失《うしな》ふときハ其公民《こうみん》たるの權《けん》を失《うしな》ふものとそ市《し》公民《こうみん》たる者身代限《しんだいかぎ》り處分中《しよぶんちう》又ハ公權《こうけん》の剝奪《はくだつ》若《も》くは停止《ていし》を附加《ふか》す可き重輕罪《ちうけいざい》の爲《た》め裁判上《さいばんじやう》の訊問《じんもん》若《も》くは勾留中《こうりうちう》又は租稅滯納處分中《そぜいたいなふしよぶんちう》ハ其公民《こうみん》たるの權《けん》を停止《ていし》す、陸海軍《りくかいぐん》の現役《げんえき》に服《ふく》する者は市《し》の公務《こうむ》に參與《さんよ》せざるものとす、市公民たる者ニ限《かぎ》りて任《にん》ずべき職務《しよくむ》に在る者本條の場合《ばあひ》に當《あた》るときは其職務《しよくむ》を解《と》く可《べ》きものとす

第三款　市條例《しでうれい》

第十條　市《し》の事務《じむ》及《およ》び市住民《しぢうみん》の權利《けんり》義務《ぎむ》に關《くわん》し此法律中《このはふりつちう》に明文《めいぶん》なく又ハ特例《とくれい》を設《まう》くることを許《ゆる》せる事項ハ各市《かくし》に於《おい》て特《とく》ニ條例《でうれい》を設《まう》けて之れを規定《きてい》することを得《う》、市《し》に於《おい》ては其市《そのし》の設置《せつち》に係《かゝ》る營造物《えいざうぶつ》ニ關《くわん》し規則を設《まう》くることを得、市條例及び規則は法律命令《はふりつめいれい》に抵觸《ていしよく》することを得《え》ず且之《かつこれ》を發行《はつかう》するときは地方慣行《ちはうくわんかう》の公告式《こうこくしき》ニ依《よ》る可し

第二章　市會《しくわい》

第一款　組織《そしき》及び選擧《せんきよ》

第十一條　市會議員《しくわいぎゐん》は其市《そのし》の選擧人《せんきよにん》其被選擧權《そのひせんきよけん》ある者より之を選擧《せんきよ》す其定員《そのていゐん》は人口《こう》五万未滿《みまん》の市に於《おい》ては三十人とし人口五万以上《いじやう》の市《し》に於《おい》てハ三十六人とす、人口十万以上の市《し》に於《おい》てハ人口五萬を加《くは》ふる毎《ごと》ニ人口二十万以上の市《し》に於《おい》てハ人口十萬を加《くわ》ふる毎《ごと》に議員《ぎゐん》三人を增《ま》し六十人を定限《ていげん》とそ、議員《ぎゐん》の定員《ていゐん》は市條例《しでうれい》を以《もつ》て特《とく》に之を增減《ぞうげん》することを得《う》但《たゞ》し定限《ていげん》を超《こ》ゆることを得ず

第十二條　市公民《しこうみん》(第七條)は總《すべ》て選擧權《せんきよけん》を有《いう》す但其公民權《たゞしそのこうみんけん》を停止《ていし》せらるゝ者《もの》(第八條第三項ニ揭

九條第二項)及《およ》び陸海軍《りくかいぐん》の現役《げんえき》に服《ふく》する者《もの》は此限《このげん》に在《あ》らず」凡《およそ》内國人《ないこくじん》にして公權《こうけん》を有《いう》し直接《ちよくせつ》市税《しぜい》を納《をさ》むる者《もの》其《その》市公民《しこうみん》の最《もつと》も多《おほ》く納税《なふぜい》する者《もの》三名中《めいちう》の一人よりも多《おほ》きときは第七條の要《えう》件《けん》に當《あた》らずと雖《いへど》も選舉權《せんきよけん》を有《いう》す但《たゞし》公民權《こうみんけん》を停止《ていし》せらるゝ者《もの》及《およ》び陸海軍《りくかいぐん》の現役《げんえき》に服《ふく》する者《もの》は此限《このげん》に在《あ》らず」法律《はふりつ》に從《したが》て設立《せつりつ》したる會社其他法人《くわいしやそのたはふじん》にして前項《ぜんかう》の場合《ばあひ》に當《あた》るときも亦同《またおな》じ

第十三條　選舉人《せんきよにん》は分《わか》て三級《きふ》と爲《な》す」選舉人中直接市税《せんきよにんちうちよくせつしぜい》の納額最《なふがくもつと》も多《おほ》き者《もの》を合《あはせ》て選舉人總員《せんきよにんそうゐん》の納《をさ》むる總額《そうがく》の三分一に當《あた》る可《べ》き者《もの》を一級《きふ》とす」一級選舉人《きふせんきよにん》の外《ほか》直接市税《ちよくせつしぜい》の納額《なふがく》多《おほ》き者《もの》を合《あはせ》て選舉人總員《せんきよにんそうゐん》の納《をさ》むる總額《そうがく》の三分一《ぶん》に當《あた》る可《べ》き者《もの》を二級《きふ》とし爾餘《じよ》の選舉人《せんきよにん》を三級《きふ》とす」各級《かくきふ》の間《あひだ》納税額《なふぜいがく》兩級《りやうきふ》に跨《まが》る者あるときは上級《じやうきふ》に入《い》る可《べ》し又兩級《またりやうきふ》の間《あひだ》に同額《どうがく》の納税者《なふぜいしや》二名以上《めいいじやう》あるときは其市《そのし》に住居《ぢうきよ》する年數《ねんすう》の多《おほ》き者《もの》を以て上級に入《い》る若《も》し住居《ぢうきよ》の年數《ねんすう》に依《よ》り難《がた》きときは年齡《ねんれい》を以てし年齡にも依《よ》り難《がた》きときは市長抽籤《しちやうちうせん》を以て之《これ》を定《さだ》む可《べ》し」選舉人《せんきよ》每級各別《まいきふかくべつ》に議員《ぎゐん》の三分一《ぶん》を選舉《せんきよ》す其被選舉人《そのひせんきよにん》は同級内《どうきふない》の者に限《かぎ》らず三級《きふ》に通《つう》じて選舉《せんきよ》せらるゝことを得《う》

第十四條　區域廣濶《くゐきくわうくわつ》又は人口稠密《ちうみつ》なる市《し》に於《おい》ては市條例《しでうれい》を以て選舉區《せんきよく》を設《まう》くることを得《う》但《たゞ》し特《こと》に二級若くは三級選舉の爲《ため》め之《これ》を設くるも妨《さまた》げなし」選舉區《せんきよく》の數及《すうおよ》び其區域《そのくゐき》並《なら》び各《かく》選舉區より選出《せんしゆつ》する議員《ぎゐん》の員數《ゐんず》は市條例《しでうれい》を以て選舉人の員數《ゐんず》に準《じゆん》じ之《これ》を定《さだ》む可《べ》し」選舉人《せんきよにん》は其住《そのぢう》居《きよ》の地《ち》に依《よ》て其所屬《そのしよぞく》の區《く》を定《さだ》む其市内《そのしない》に住居なき者は課税《くわぜい》を受《う》けたる物件《ぶつけん》の所在《しよざい》に依《よ》て之を定《さだ》む若《も》し數選舉區《すうせんきよく》に亘《わた》り納税《なふぜい》する者は課税《くわぜい》の最《もつと》も多《おほ》き物件《ぶつけん》の所在《しよざい》に依《よ》て之を定む可《べ》し」選舉區を設《まう》くる時《とき》は其《その》選舉區に於て選舉人の等級《とうきふ》を分《わか》つ可し」被《ひ》選舉人は其《その》選舉區内《ない》の者に限《かぎ》らざるものとす

第十五條　選舉權《せんきよけん》を有《いう》する市公民《しこうみん》(第十二條第一項)は總《すべ》て被選舉權《ひせんきよけん》を有《いう》す左に掲ぐる者は市會議員《しくわいぎゐん》たることを得ず

一　所屬府縣《しよぞくふけん》の官吏《くわんり》
二　有給《いうきふ》の市吏員《しりゐん》
三　檢察官及《けんさつくわんおよ》び警察官吏《けいさつくわんり》
四　神官僧侶《しんくわんそうりよ》及び其他諸宗教師《そのたしよしうけうし》
五　小學校教員《せうがくかうけうゐん》

其他官吏《そのたくわんり》にして當選《たうせん》し之に應《おう》せんとするときハ所屬長官《しよぞくちやうくわん》の許可《きよか》を受《う》く可《べ》し、代言人《だいげんにん》に非《あら》ずして他人《たにん》の爲《た》めに裁判所《さいばんしよ》又は其他《た》の官廳《くわんちやう》に對《たい》して事を辨《べん》するを以《もつ》て業《げふ》と爲《な》す者《もの》は議員《ぎゐん》に選擧《せんきよ》せらるゝことを得《え》ず、父子兄弟《ふしけいてい》たるの縁故《えんこ》ある者ハ同時《どうじ》に市會議員《しくわいぎゐん》たることを得《え》ず其同時《どうじ》に選擧《せんきよ》せられたるときは投票《とうへう》の數《すう》に依《より》て其多《おほ》き者一人を當選《たうせん》とし若《も》し同數《どうすう》なれハ年長《ねんちやう》者《しや》を當選《たうせん》とす其時を異《こと》にして選擧《せんきよ》せられたる者ハ後者《こうしや》議員《ぎゐん》たることを得《え》ず、市參事會員《しさんじくわいゐん》との間《あひだ》父子《ふし》兄弟たるの縁故《えんこ》ある者は之と同時《どうじ》に市會議員《くわいぎゐん》たることを得ず若《も》し議員《ぎゐん》との間《あひだ》に其《その》縁故《えんこ》ある者《もの》市《し》參事會員《さんじくわいゐん》の任《にん》を受くるときは其縁故《えんこ》ある議員ハ其職《そのしよく》を退《しりぞ》く可《べ》し

第十六條　議員《ぎゐん》も名譽職《めいよしよく》とす其任期《にんき》ハ六年とし毎《まい》三年各級《かくきふ》に於《おい》て其半數《はんすう》を改選《かいせん》す若《も》し各級《かくきふ》の議員《ゐん》二分《ぶん》し難《かた》きときハ初回《しよくわい》に於て多數《たすう》の一半を改任《かいにん》せしむ初回《しよくわい》に於《おい》て解任《かいにん》すべき者は抽籤《ちうせん》を以て之を定《さだ》む、退任《たいにん》の議員ハ再選《さいせん》せらるゝことを得《う》

第十七條　議員中闕員《ちうけつゐん》あるときも毎《まい》三年定期《ていき》改選《かいせん》の時に至《いた》り同時に補缺選擧《ほけつせんきよ》を行《おこな》ふべし若《も》し定《てい》員《ゐん》三分《ぶん》の一以上《いじやう》闕員《けつゐん》あるとき又ハ市會《しくわい》、市參事會《しさんじくわい》若《もし》くハ府縣知事《ふけんちじ》に於《おい》て臨時《りんじ》補闕《ほけつ》を必要《ひつえう》と認《みと》むる時は定期《ていき》前《ぜん》と雖《いへど》も其補《そのほ》闕選擧《けつせんきよ》を行《おこな》ふべし

補闕議員《ほけつぎゐん》は其前任者《ぜんにんしや》の殘任期《ざんにんき》間在職《かんざいしよく》する者とす、定期《ていき》改選及《かいせんおよ》び補闕選擧《ほけつせんきよ》とも前任者《ぜんにんしや》の選擧《せんきよ》せられたる選擧等級及《せんきよとうきふおよ》び選擧區《せんきよく》に從《したが》つて之れが選擧《せんきよ》を行《おこ》なふべし

第十八條　市長《しちやう》は選擧《せんきよ》を行ふ毎《ごと》に其選擧前《そのせんきよまへ》六十日を限り選擧原簿《せんきよげんぼ》を製《せい》し各選擧人《かくせんきよにん》の資格《しかく》を記載し此原簿《げんぼ》に據《よ》りて選擧人名簿《めいぼ》を製《せい》すべし但《たゞ》し選擧區《せんきよく》を設くるときは毎區《まいく》各別《かくべつ》に原簿《げんぼ》及《およ》び名《めい》簿《ぼ》を製《せい》すべし」選擧人名簿は七日間市役所《かんしやくしよ》又は其他の場所《ばしよ》に於て之を關係者《くわんけいしや》の縱覽《じうらん》に供《きよう》すべし若《も》し關係者《くわんけいしや》に於て訴願《そくわん》せんとすることあるときは同期限内《どきげんない》に之を市長《しちやう》に申し立《た》つべし市長《しちやう》は市會《しくわい》の裁決《さいけつ》（第三十五條第一項）に依《よ》り名簿《めいぼ》を修正《しうせい》すべきときは選擧前《せんきよぜん》十日を限《かぎ》りて之に修正《しうせい》を加《くは》へて確定名簿《くわくていめいぼ》と爲《な》し之に登録《とうろく》せられざる者も何人たりとも選擧《せんきよ》に關《くわん》することを得ず」本條に依《よ》り確定《くわくてい》したる名簿は當選《たうせん》を辭《じ》し若《も》くは選擧《せんきよ》の無効《むかう》となりたる場合《ばあひ》に於《おい》て更《さら》に選擧《せんきよ》を爲《な》すときも亦《また》之を適用《てきよう》す

第十九條　選擧《せんきよ》を執行《しつかう》するときは市長《しちやう》は選擧《せんきよ》の場所《ばしよ》日時《にちじ》を定《さだ》め及《およ》び選擧《せんきよ》すべき議員《ぎゐん》の數《かず》を各級《かくきふ》各區《かく〳〵》に分《わか》ち選擧前《せんきよぜん》七日を限《かぎ》りて之を公告《こうこく》すべし」各級《かくきふ》に於《おい》て選擧を行《おこな》ふの順序《じゆんじよ》は先《ま》づ三級の選擧を行《おこな》ひ次《つぎ》に二級の選擧を行《おこな》ひ次《つぎ》に一級の選擧を行ふべし

第二十條　選擧掛《せんきよかゝり》は名譽職《めいよしよく》とし市長《しちやう》に於て臨時《りんじ》に選擧人《せんきよにん》中より二名若《めいもし》くは四名を選任《せんにん》す市長若《も》しくは其代理者《そのだいりしや》は其掛長《そのかゝりちやう》となり選擧會《せんきよくわい》を開閉《かいへい》し其會場《そのくわいぢやう》の取締《とりしまり》に任《にん》ず但《たゞ》し選擧區《せんきよく》を設《まう》くるときは毎區《まいく》各別《かくべつ》に選擧掛《がゝり》を設《まう》くべし

第廿一條　選擧開會中《せんきよかいくわいちう》は選擧人の外何人《ほかなんぴと》たりとも選擧會場《せんきよくわいぢやう》に入《い》ることを得《え》ず選擧人は選擧會場に於て協議《けふぎ》又《また》は勸誘《くわんゆう》を爲《な》す事を得《え》ず

第廿二條　選擧《せんきよ》は投票《とうへう》を以て之を行《おこな》ふ投票《とうへう》には被選擧人の氏名《しめい》を記《しる》し封緘《ふうしん》の上《うへ》選擧人自《みづか》ら掛長《かゝりちやう》に差出《さしだ》すべし但《たゞ》し選擧人の氏名《しめい》は投票に記入《きにふ》することを得《え》ず」選擧人投票《とうへう》を差出《さしだ》す時《とき》は自《じ》己《こ》の氏名《しめい》及《およ》び住所《ぢうしよ》を掛長《かゝりちやう》に申し立《た》て掛長《かゝりちやう》は選擧人名簿に照《てら》して之を受《う》け封緘《ふうしん》の儘《まゝ》投票函《とうへうかん》に投入《とうにふ》すべし但《たゞ》し投票函《とうへうかん》は投票《とうへう》を終《をは》る迄《まで》之を開《ひら》くことを得《え》ず

第廿三條　投票《とうへう》に記載《きさい》の人員《にんゐん》其選擧すべき定數《ていすう》に過《す》ぎ又は不足《ふそく》あるも其投票《そのとうへう》を無効《むかう》とせず其定數《そのてい》數《すう》に過《す》ぐるものは末尾《まつび》に記載《きさい》したる人名《じんめい》を順次《じゆんじ》に棄却《ききやく》すべし
左《さ》の投票《とうへう》は之《これ》を無効《むかう》とす
一　人名《じんめい》を記載《きさい》せず又は記載《きさい》せる人名の讀《よ》み難《かた》きもの
二　被選擧人《ひせんきよにん》の何人たるを確認《くわくにん》し難《がた》きもの
三　被選擧權《ひせんきよけん》なき人名を記載《きさい》せるもの
四　被選擧人氏名《ひせんきよにんしめい》の外《ほか》他事《たじ》を記入《きにゆう》せるもの、投票《とうへう》の受理《じゆり》並《ならび》に効力《かうりよく》に關《くわん》する事項《じかう》は選擧掛《せんきよがかり》假《かり》に之を議決《ぎけつ》す可否同數《かひどうすう》なるときは掛長《かゝりちやう》之を決《けつ》す

第廿四條　選擧《せんきよ》は選擧人自《せんきよにんみづ》から之を行《おこな》ふ可《べ》し他人《たにん》に託《たく》して投票《とうへう》を差出《さしだ》すことを許《ゆる》さず、第十二條第二項《かう》に依《よ》り選擧權《せんきよけん》を有《いう》する者は代人《だいにん》を出して選擧《せんきよ》を行《おこな》ふことを得《う》若《も》し其獨立《どくりつ》の男子に非《あら》ざる者又は會社其他法人《ほふじん》に係《かゝ》るときは必《かなら》ず代人《だいにん》を以《もつ》てす可《べ》し其代人《そのだいにん》は內國人《ないこくじん》にして公權《こうけん》を有する獨立《どくりつ》の男子に限《かぎ》る但《たゞ》一人にして數人《すにん》の代理《だいり》を爲《な》すことを得《え》ず且《かつ》代人は委任狀《ゐにんじやう》を選擧掛《せんきよがかり》に示《しめ》して代理《だいり》の證《しよう》とす可し

第二十五條　議員《ぎゐん》の選擧《せんきよ》は有効投票《いうかうとうへう》の多數《たすう》を得《う》る者を以て當選《たうせん》とす投票《とうへう》の數相《すうあひ》同きものは年長《ねんちやう》者《しや》を取《と》り同年なるときは掛長《かゝりちやう》自ら抽籤《ちうせん》して其當選《たうせん》を定《さだ》む、同時《どうじ》に補闕員數名《ほけつゐんすうめい》を選擧《せんきよ》するときは（第十七條）投票數《とうへうすう》の最《もつと》も多《おほ》き者を以て殘任期《ざんにんき》の最《もつと》も長《なが》き前任者《ぜんにんしや》の補闕《ほけつ》と爲《な》し其數相《そのかずあひ》同きときは抽籤《ちうせん》を以て其順序《そのじゆんじよ》を定む

第廿六條　選擧掛《せんきよがかり》は選擧錄《せんきよろく》を製《せい》して選擧《せんきよ》の顚末《てんまつ》を記錄《きろく》し選擧《せんきよ》を終《をは》りたる後《のち》之を朗讀《らうどく》し選擧人名《じんめい》簿其他《そのた》關係書類《くわんけいしよるゐ》を合綴《がふせつ》して之に署名《しよめい》す可《べ》し、投票《とうへう》は之を選擧錄《せんきよろく》に附屬《ふぞく》し選擧を結了《けつれう》するに至《いた》る迄《まで》之を保存《ほぞん》す可し

第二十七條　選擧《せんきよ》を終《をは》りたる後《のち》選擧掛長《かゝりちやう》は直《たゞち》に當選者《たうせんしや》に其當選《そのたうせん》の旨《むね》を告知《こくち》す可《べ》し其當選《そのたうせん》を辭《じ》せんとする者《もの》は五日以内《いない》に之を市長《しちやう》に申立《まをした》つ可《べ》し、一人にして數級《すきふ》又は數區《すうく》の選擧に當《あた》りたるときは同期限内何《どうきげんないいづ》れの選擧に應《おう》ず可《べ》きことを申立《た》つ可し其期限内《そのきげんない》に之を申立てざる者《もの》は總《すべ》て其《その》選擧を辭《じ》する者《もの》となし第八條の處分《しよぶん》を爲《なす》可《べ》し

第廿八條　選擧人《せんきよにん》選擧の效力《かうりよく》に關《くわん》して訴願《そぐわん》せんとするときは選擧の日より七日以内《いない》に之を市長《しちやう》に申立《た》つることを得《う》、（第三十五條第一項）市長《しちやう》は選擧を終《をは》りたる後之《のちこれ》を府縣知事《ふけんちじ》に報告《はうこく》し府縣知事《ふけんちじ》に於《おい》て選擧の效力《かうりよく》に關《くわん》し異議《いぎ》あるときは訴願《そぐわん》の有無《うむ》に拘《かゝは》らず府縣參事會《ふけんさんじくわい》に付《ふ》して處分《しよぶん》を行《おこな》ふことを得、選擧の定規《ていき》に違背《ゐはい》することあるときは其《その》選擧を取消《とりけ》し又被《ひ》選擧人中《にんちう》其資格《そのしかく》の要件《えうけん》を有せざる者《もの》あるときは其人《そのひと》の當選《たうせん》を取消《とりけ》し更《さら》に選擧を行《おこな》はしむ可し

第二十九條　當選者中《たうせんしやちう》其資格《しかく》の要件《えうけん》を有《いう》せざる者あることを發見《はつけん》し又は就職《しうしよく》後其要件《えうけん》を失《うしな》ふ者あるときは其人《そのひと》の當選《たうせん》は效力《かうりよく》を失《うしな》ふ者《もの》とす其要件《そのえうけん》の有無《うむ》は市會《しくわい》之を議決《ぎけつ》す

第二款　職務權限及《しよくむけんげんおよ》び處務規程《しよむきてい》

第三十條　市會《しくわい》は其市《そのし》を代表《だいへう》し此法律《このはふりつ》に準據《じゆんきよ》して市《し》に關《くわん》する一切《さい》の事件《じけん》並《ならび》に從前特《じうぜんとく》に委任《ゐにん》せられ又《また》は將來法律勅令《しやうらいはふりつちよくれい》に依《よ》て委任《ゐにん》せらるゝ事件《じけん》を議決《ぎけつ》するものとす

第三十一條　市會《しくわい》の議決《ぎけつ》すべき事件《じけん》の概目《がいもく》左《さ》の如《ごと》し

一　市條例及《しでうれいおよ》び規則《きそく》を設《まう》け並《なら》びに改正《かいせい》する事

二　市費《しひ》を以《もつ》て支辨《しべん》すべき事業但《じげふたゞし》第七十四條に掲《かゝ》ぐる事務《じむ》は此限《このげん》にあらず

三　歳入出豫算《さいにふしゆつよさん》を定《さだ》め豫算外《よさんぐわい》の支出及豫算超過《しゝゆつおよびよさんてうくわ》の支出を認定《にんてい》する事

四　決算報告《けつさんはうこく》を認定《にんてい》する事

五　法律勅令《はふりつちよくれい》に定《さだむ》るものを除《のぞく》の外使《ほかし》用料手《ようれうて》數料市《すうれうし》税及《ぜいおよ》び夫《ふ》役現品《えきげんぴん》の賦課徴收《ふくわちやうしう》の法《はふ》を定《さだ》む

る事

六　市有不動産《しいうふどうさん》の賣買交換《ばいゝかうくわん》讓受《ゆづりう》ケ讓渡《ゆづりわた》し並《ならび》に質入書入《しちいれかきいれ》を爲《な》す事

七　基本財産《きほんざいさん》の處分《しよぶん》に關《くわん》する事

八　歳入出豫算《さいにふしゆつよさん》を以《もつ》て定《さだ》むるものを除《のぞ》くの外新《ほかあらた》に義務《ぎむ》の負擔《ふたん》を爲《な》し及《およ》び權利《けんり》の棄却《きゝやく》を爲《な》す事

九　市有《しいう》の財産及《ざいさんおよ》び營造物《えいざうぶつ》の管理方法《くわんりはうはふ》を定《さだ》むる事

十　市吏員《しりゐん》の身元保證金《みもとほしようきん》を徴《ちよう》し並《ならび》に其金額《そのきんがく》を定《さだ》むる事

十一　市《し》に係る訴訟及《そしようおよ》び和解《わかい》に關《くわん》する事

第三十二條　市會《しくわい》ハ法律勅令《はふりつちよくれい》に依《よ》り其職權《そのしよくけん》に屬《ぞく》する市吏員《しりゐん》の選擧《せんきよ》を行《おこな》ふべし

第三十三條　市會《しくわい》ハ市《し》の事務《じむ》に關《くわん》する書類及《しよるゐおよ》び計算書《けいさんしよ》を檢閲《けんえつ》し市長《しちやう》の報告《はうこく》を請求《せいきう》して事務《じむ》の管理《くわんり》、議決《ぎけつ》の施行並《しかうならび》に收入支出《しうにふしゝゆつ》の正否《せいひ》を監査《かんさ》するの職權《しよくけん》を有《いう》す、市會《しくわい》ハ市《し》の公益《こうえき》に關《くわん》する事件《じけん》に付《つき》意見書《いけんしよ》を監督官廳《かんとくくわんちやう》に差出《さしだ》すことを得《う》

第三十四條　市會《しくわい》は官廳《くわんちやう》の諮問《しもん》あるときは意見《いけん》を陳述《ちんじゆつ》すべし

第三十五條　市住民及《しぢゆうみんおよ》び公民《こうみん》たる權利《けんり》の有無《うむ》、選擧權及《せんきよけんおよ》び被選擧權《ひせんきよけん》の有無《うむ》、選擧人名簿《せんきよにんめいぼ》の正否並《せいひなら》びに其等級《そのとうきふ》の當否代理《たうひだいり》を以て執行《しつかう》する選擧權《せんきよけん》(第十二條第二項)及《およ》び市會議員選擧《しくわいぎゐんせんきよ》の效力《かうりよく》(第二十八條)に關《くわん》する訴願《そぐわん》は市會之《しくわいこれ》を裁決《さいけつ》す、市會《しくわい》の裁決《さいけつ》に不服《ふふく》ある者は府縣參事會《さんじくわい》に訴願《そぐわん》し其府縣參事會《さんじくわい》の裁決に不服《ふふく》ある者ハ行政裁判所《ぎやうせいさいばんしよ》に出訴《しゆつそ》することを得《う》、本條の事件《じけん》に付ては市長《しちやう》よりも亦訴願及《またそぐわんおよ》び訴訟《そしよう》を爲《な》すことを得《う》、本條《ほんでう》の訴願及《そぐわんおよ》び訴訟の爲めに其執行《しつかう》を停止《ていし》することを得ず但《たゞ》し判決確定《はんけつくわくてい》するに非《あら》ざれば更《さら》に選擧を爲すことを得ず

第三十六條　凡議員《およそぎゐん》たる者ハ選擧人の指示若《しじもし》くは委囑《ゐぞく》を受《う》くべからざるものとす

第三十七條　市會《しくわい》は毎暦年《まいれきねん》の初《はじ》め一周年《しうねん》を限《かぎ》り議長《ぎちやう》及び其代理者各《かく》一名を互選《ごせん》す

第三十八條　會議《くわいぎ》の事件《じけん》議長《ぎちやう》及び其父母《ふぼ》兄弟《けいてい》若《もし》くは妻子《さいし》の一身上《しんじやう》に關《くわん》する事あるときハ議長に故障《こしやう》あるものとして其代理《だいり》者之れに代《かは》るべし」議長《ぎちやう》代理者共に故障《こしやう》あるときは市會《しくわい》ハ年長の議員《ぎゐん》を以て議長と爲すべし

第三十九條　市參事會員《しさんじくわいゐん》は會議《くわいぎ》に列席《れつせき》して議事《ぎじ》を辨明《べんめい》することを得

第四十條　市會《しくわい》は會議の必要《ひつえう》ある毎《ごと》に議長之を招集《せうしふ》す若《も》し議員四分の一以上《いじやう》の請求《せいきう》あるとき又は市長若《しちやうもし》くハ市參事會《しさんじくわい》の請求《せいきう》あるときハ必《かなら》ず之《これ》を招集《せうしふ》す可し其招集並《そのせうしふならび》に會議《くわいぎ》の事件《じけん》を告知《こくち》するは急施《きふし》を要《えう》する場合《ばあひ》を除《のぞ》くの外少《ほかすくな》くも會議《くわいぎ》の三日前《ぜん》たる可し但市會の議決《ぎけつ》を以て豫《あらかじ》め會議日を定《さだ》むるも妨げなし」市參事會員《しさんじくわいゐん》を市會の會議《くわいぎ》に招集《せうしふ》するときも亦前項《またぜんかう》の例《れい》に依《よ》る

第四十一條　市會《しくわい》ハ議員《ぎゐん》三分《ぶん》の二以上出席《いじやうしゆつせき》するに非《あら》ざれバ議決《ぎけつ》することを得《え》ず但同一《たゞし》の議事《ぎじ》に付招集再回《つきせうしふさいくわい》に至《いた》るも議員猶《なほ》三分《ぶん》の二に滿《み》たざるときは此限《このげん》に在《あ》らず

第四十二條　市會の議決《ぎけつ》ハ可否《かひ》の多數《たすう》に依《よ》り之《これ》を定《さだ》む可否同數《かひどう》なるときハ再議《さいぎ》を決すべし若《も》し猶同數《なほどうすう》なるときは議長《ぎちやう》の可否《かひ》する所に依《よ》る

第四十三條　議員《ぎゐん》は自己《じこ》及《およ》び其父母《そのふぼ》兄弟《けいてい》若《もし》くハ妻子《さいし》の一身上《しんじやう》に關《くわん》する事件《じけん》に付《つい》ては市會の議決《ぎけつ》に加ハることを得《え》ず」議員の數《かず》此除名《このぢよめい》の爲《た》めに減少《げんせう》して會議を開《ひら》くの定數《ていすう》に滿《み》たざるときは府縣《ふけん》參事會市會に代《かはつ》て議決《ぎけつ》す

第四十四條　市會に於《おい》て市吏員《しりゐん》の選擧《せんきよ》を行《おこな》ふときは其《その》一名毎《めいごと》に匿名投票《とくめいとうへう》を以《もつ》て之《これ》を爲《な》し有效《いうかう》投票《へう》の過半數《くわはんすう》を得《う》る者《もの》を以て當選《たうせん》とす若《も》し過半數《くわはんすう》を得《う》る者なきときは最多數《さいたすう》を得《う》る者二名を取《と》り之に就《つい》て更《さら》に投票《とうへう》せしむ若し最多數《さいたすう》を得る者三名以上同數《いじやうどうすう》なるときハ議長自《みづか》ら抽籤《ちうせん》して其二名《めい》を取《と》り更《さら》に投票《とうへう》せしむ此再投票《このさいとうへう》に於ても猶過半數《なほくわはんすう》を得《う》る者《もの》なきときハ抽籤《ちうせん》を以て

當選《たうせん》を定《さだ》む其他《そのた》は第二十二條、第二十三條、第二十四條、第一項《かう》を適用《てきやう》す前項《せんこう》の選擧には市會の議決《ぎけつ》を以て指名推選《しめいすゐせん》の法《はふ》を用《もち》ふることを得《う》

第四十五條　市會《しくわい》の會議《くわいぎ》ハ公開《こうかい》す但《たゞし》議長《ぎちやう》の意見《いけん》を以て傍聽《ばうちやう》を禁《きん》することを得《う》

第四十六條　議長《ぎちやう》は各議員《かくぎゐん》に事務《じむ》を分課《ぶんくわ》し會議及《およ》び選擧《せんきよ》の事を總理《そうり》し開會閉會《かいくわいへいくわい》並《ならび》に延會《えんくわい》を命《めい》じ議場《ぎぢやう》の秩序《ちつじよ》を保持《ほぢ》す若《も》し傍聽者《ばうちやうしや》の公然賛成《こうぜんさんせい》又ハ擯斥《ひんせき》を表《へう》し又ハ喧擾《けんせう》を起《おこ》す者あるときハ議長は之を議場外《ぎぢやうぐわい》に退出《たいしゆつ》せしむることを得《う》

第四十七條　市會《しくわい》ハ書記《しよき》をして議事録《ぎじろく》を製《せい》して其議決《ぎけつ》及び選擧《せんきよ》の顚末並《てんまつならび》に出席議員《しゆつせきぎゐん》の氏名《しめい》を記《き》録《ろく》せしむ可し議事録《ぎじろく》は會議の末《すゑ》之を朗讀《らうどく》し議長及び議員二名以上之に署名《しよめい》す可し、市會《しくわい》は議事録《ろく》の謄寫《とうしや》又は原書《げんしよ》を以て其議決《そのぎけつ》を市長《しちやう》に報告《はうこく》す可し市會《しくわい》の書記《しよき》ハ市會之《くわい》を選任《せんにん》す

第四十八條　市會《しくわい》は其會議細則《くわいぎさいそく》を設《まう》く可し其細則《さいそく》に違背《ゐはい》したる議員に科《くわ》す可き過怠金《くわたいきん》二圓《ゑん》以下《いか》の罰則《ばつそく》を設《まう》くることを得《う》

第三章《しやう》　市行政《しぎやうせい》

第一款《くわん》　市參事會《しさんじくわい》及《およ》び市吏員《しりゐん》の組織選任《そしきせんにん》

第四十九條　市《し》に市參事會《さんじくわい》を置《お》き左《さ》の吏員《りゐん》を以て之を組織《そしき》す

一　市長《しちやう》一名《めい》

二　助役《じよやく》東京《とうけい》は三名京都大坂《めいきやうとおほさか》は各《かく》二名其他《そのた》は一名《めい》

三　名譽職參事會員《めいよしよくさんじくわいゐん》東京《とうけい》は十二名京都大坂《きやうとおほさか》ハ各《かく》九名其他《そのた》ハ六名《めい》助役《じよやく》及び名譽職參事會員《めいよしよくさんじくわいゐん》は市條例《しじやうれい》を以て其定員《そのていゐん》を增減《ぞうげん》することを得《う》

第五十條　市長《しちやう》ハ有給吏員《いうきふりゐん》とす其任期《そのにんき》は六年《ねん》とし内務大臣《ないむだいじん》市會をして候補者《こうほしや》三名を推薦《すゐせん》せしめ上奏裁可《じやうそうさいか》を請《こ》ふ可し若し其裁可《そのさいか》を得ざるときハ再推薦《さいすゐせん》を爲《な》さしむ可し再推薦《さいすゐせん》にして猶裁可《なほさいか》

を得《え》ざるときは追《おつ》て推薦《すゐせん》せし其裁可《さいか》を得《う》るに至《いた》るの間《あひだ》内務大臣は臨時《りんじ》代理《だいり》者《しや》を選任《せんにん》し又は市費《しひ》を以て官吏《くわんり》を派遣《はけん》し市長の職務《しよくむ》を管掌《くわんしやう》せしむ可し

第五十一條　助役《じよやく》及《およ》び名譽職《めいよしよく》參事會員は市會《しくわい》之《これ》を選擧す其《その》選擧ハ第四十四條に依《よつ》て行《おこな》ふ可し但《たゞし》投票同數《とうへうどうすう》なるときは抽籤《ちうせん》の法に依《よ》らず府縣《ふけん》參事會之《これ》を決《けつ》す可し

第五十二條　助役《じよやく》は有給吏員《いうきふりゐん》として其任期《そのにんき》ハ六年とす、助役《じよやく》の選擧は府縣知事《ふけんちじ》の認可《げんか》を受《う》くることを要《えう》す若《も》し其認可《にんか》を得《え》ざるときは再《さい》選擧を爲《な》す可し再《さい》選擧にして猶其認可《なほそのにんか》を得ざる時《とき》は追《おつ》て選擧を行《おこな》ひ認可《にんか》を得るに至《いた》るの間府縣知事《あひだふけんちじ》ハ臨時代理者《りんじだいりしや》を選任《せんにん》し又は市費《しひ》を以て官吏《くわんり》を派遣《はけん》し助役《じよやく》の職務《しよくむ》を管掌《くわんしやう》せしむ可し

第五十三條　市長及《およ》び助役《じよやく》は其市公民《そのしこうみん》たる者《もの》に限《かぎ》らず但其任《たゞしそのにん》を受《う》くるときハ其公民《そのこうみん》たるの權を得《う》

第五十四條　名譽職《めいよしよく》參事會員は其市公民中年齡滿《そのしこうみんちうねんれいまん》三十歳《さい》以上にして選擧權を有《いう》する者《もの》より之《これ》を選擧す其任期《そのにんき》ハ四年とす任期滿限《にんきまんげん》の後《のち》と雖も後任者就職《こうにんしやしうしよく》の日《ひ》迄在職《までざいしよく》するものとす、名譽職《めいよしよく》參事會員は毎《まい》二年其半數《そのはんすう》を改選《かいせん》す若《も》し二分《ぶん》し難《がた》きときハ初回《しよくわい》に於て多數《たすう》の一半《はん》を退任《たいにん》せしむ初回の退任者《たいにんしや》ハ抽籤《ちうせん》を以て之を定《さだ》む但退任者《たゞしたいにんしや》は再選《さいせん》せらるゝことを得、若《も》し闕員《けつゐん》あるときハ其殘任期《そのざんにんき》を補充《ほじゆう》する爲《た》め直《たゞち》に補闕《ほけつ》選擧を爲《な》す可し

第五十五條　市長及《しちやうおよ》び助役其他參事會員《じよやくそのたさんじくわいゐん》は第十五條第二項《かう》に掲載《けいさい》する職《しよく》を兼《か》ぬることを得ず同條第四項に掲載《けいさい》する者ハ名譽職《めいよしよく》參事會員に選擧《せんきよ》せらるゝことを得ず、父子兄弟《ふしけいてい》たるの緣故《えんこ》ある者ハ同時《どうじ》に市參事會員たることを得ず若《も》し其緣故《えんこ》ある者市長の任《にん》を受《う》くるときは其緣故《そのえんこ》ある市參事會員《しさんじくわいゐん》ハ其職《しよく》を退《しりぞ》く可し其他は第十五條第五項《かう》を適用《てきよう》す、市長及び助役《じよやく》ハ三ヶ月前に申立《まうした》つるときも隨時退職《ずゐじたいしよく》を求《もと》むることを得《う》此場合《ばあひ》に於ては退隱料《たいゐんれう》を受くるの權を失《うしな》

ふものとす

第五十六條　市長《しちやう》及び助役《じよやく》ハ他《た》の有給《いうきふ》の職務《しよくむ》を兼任《けんにん》し又ハ株式會社《かぶしきくわいしや》の社長及び重役《ぢうやく》となることを得ず其他《そのた》の營業《えいげふ》は府縣《ふけん》知事の認許《にんきよ》を得るに非《あら》ざれば之を爲《な》すことを得す

第五十七條　名譽職參事會員《めいよしよくさんじくわいゐん》の選擧《せんきよ》に付ても市《し》參事會自《みづか》ら其效力《かうりよく》の有無《うむ》を議決《ぎけつ》す、當選者中其資格《しかく》の要件《えうけん》を有せざる者あることを發見《はつけん》し又ハ就職《しうしよく》後其《その》要件を失《うしな》ふ者あるときは其人の當《たう》選《せん》ハ效力《かうりよく》を失《うしな》ふものとす其要件《そのえうけん》の有無《うむ》は市參事會之を議決《ぎけつ》す其議決《ぎけつ》に不服《ふふく》ある者は府縣《ふけん》參事會に訴願《そぐわん》し其府縣參事會の裁決《さいけつ》に不服《ふふく》ある者ハ行政裁判所《ぎやうせいさいばんしよ》に出訴《しゆつそ》することを得其他《そのた》は第三十五條末項《まつかう》を適用《てきよう》す

第五十八條　市に收入役《しうにふやく》一名《めい》を置《お》く收入役《しうにふやく》は市《し》參事會《さんじくわい》の推薦《すゐせん》に依《よ》り市會之を選任《せんにん》す、收入役《しうにうやく》は市參事會員《しさんじくわいゐん》を兼《か》ぬることを得ず、收入役《しうにうやく》の選任《せんにん》は府縣知事《ふけんちじ》の認可《にんか》を受《う》くることを要《えう》す其他《そのた》は第《だい》五十一條、第五十二條、第五十三條、第五十五條及び第七十六條を適用《てきよう》す、收入役《しうにうやく》は身《み》元保證金《もとほしようきん》を出《いだ》す可し

第五十九條　市に書記《しよき》其他《そのた》必要《ひつえう》の附屬員《ふぞくゐん》並に使丁《してい》を置《お》き相當《さうたう》の給料《きうれう》を給す其人員《じんゐん》ハ市會《しくわい》の議決《ぎけつ》を以《もつ》て之を定《さだ》め市參事會《しさんじくわい》之を任用《にんよう》す

第六十條　凡《およそ》市ハ處務《しよむ》便宜《べんぎ》の爲《た》め市參事會の意見《いけん》を以て之を數區《すうく》に分《わか》ち每區《まいく》々長《くちやう》及び其代理者《そのだいりしや》各《かく》一名《めい》を置《お》くことを得區長《くちやう》及び其代理者《だいりしや》ハ名譽職《めいよしよく》とす但《たゞ》し東京京都大阪《とうけいきやうとおほさか》に於《おい》てハ區長を有《いう》給吏員《きうりゐん》と爲《な》すことを得《う》、區長《くちやう》及び其代理者《だいりしや》ハ市會に於て其區《く》若《もし》くハ隣區《りんく》の公民中《こうみんちう》選擧權を有《いう》する者より之を選擧《せんきよ》す區會《くくわい》(第百十三條)を設くる區に於ては其《その》區會に於《おい》て之を選擧す但《たゞ》し東京京都大坂《とうけいきやうとおほさか》に於てハ市參事會《しさんじくわい》之を選任《せんにん》す、東京京都大坂に於ては前條《ぜんでう》に依《よ》り區《く》に附屬員《ふぞくゐん》並に使丁《してい》を置《お》くことを得《う》

第六十一條　市《し》は市會《しくわい》の議決《ぎけつ》に依《よ》り臨時《りんじ》又は常設《じやうせつ》の委員《ゐゝん》を置《おく》ことを得《う》其委員《そのゐゝん》は名譽職《めいよしよく》とす、委員《ゐゝん》は市參事會員《しさんじくわいゐん》又は市會議員《しくわいぎゐん》を以て之に充《あ》て又も市參事會員及《しさんじくわいゐんおよ》び市會議員を以《もつ》て之を組織《そしき》し又《また》は會員議員と市公民中選擧權《しこうみんちうせんきよけん》を有《いう》する者とを以て之を組織《そしき》し市參事會員《しさんじくわいゐん》一名を以て委員《ゐゝん》長とす、委員《ゐゝん》中市會議員より出つる者は市會《しくわい》之を選擧し選擧權《せんきよけん》を有する公民より出つる者は市參事會《しさんじくわい》之を選擧《せんきよ》し其他の委員《ゐゝん》は市長之を選任《せんにん》す、常設委員《じやうせつゐゝん》の組織《そしき》に關しては市條例《しでうれい》を以て別段《べつだん》の規定《きてい》を設《まう》くることを得

第六十二條　區長《くちやう》及び委員《ゐゝん》には職務取扱《しよくむとりあつか》ひの爲めに要《えう》する實費辨償《じつぴべんしやう》の外《ほか》市會の議決《ぎけつ》ふ依り勤務《きんむ》に相當《さうたう》する報酬《はうしう》を給《きよ》することを得

第六十三條　市吏員《しりゐん》は任期滿限《にんきまんげん》の後再選《のちさいせん》せらるゝことを得、市吏員及《しりゐんおよ》び使丁《してい》は別段《べつたん》の規定《きてい》又は規約《きやく》あるものを除《のぞ》くの外隨時《はかずゐじ》解職《かいしよく》することを得

第二款《だいくわん》　市參事會及《しさんじくわいおよ》び市吏員《しりゐん》の職務權限《しよくむけんげん》及び處務規程《しよむきてい》

第六十四條　市參事會《しさんじくわい》は其市を統轄《とうかつ》し其行政事務《そのぎやうせいじむ》を擔任《たんにん》す、市參事會の擔任《たんにん》する事務《じむ》の概目《がいもく》左の如《ごと》し

一　市會《しくわい》の議事《ぎじ》を準備《じゆんび》し及び其議決《ぎけつ》を執行《しつかう》すると若《も》し市會の議決《ぎけつ》其權限《けんげん》を越《こ》え法律命令《はふりつめいれい》に背《そむ》き又は公衆《こうしう》の利益《りえき》を害《がい》すと認《みと》むるときは市參事會は自己《じこ》の意見《ゐけん》に由り又は監督《かんとく》官廳《くわんちやう》の指揮《しき》に由《よ》り理由《りゆう》を示して議決《ぎけつ》の執行《しつかう》を停止《ていし》し之を再議《さいぎ》せしめ猶《なほ》其議決《ぎけつ》を更《あらた》めざるときは府縣《ふけん》參事會の裁決《さいけつ》を請ふ可し其權限《けんげん》を越《こ》え又は法律勅令《はふりつちよくれい》に背《そむ》くに依《よつ》て議決《ぎけつ》の執行《しつかう》を停止《ていし》したる場合《ばあひ》に於て府縣參事會《さんじくわい》の裁決《さいけつ》ふ不服なる者は行政裁判所に出訴《しゆつそ》することを得

二　市《し》の設置《せつち》ふ係《かゝは》る營造物《えいざうぶつ》を管理《くわんり》する事若《ことも》し特《とく》に之《これ》が管理者《くわんりしや》あるときは其事務《そのじむ》を監督《かんとく》す

る事《こと》

三　市《し》の歳入《さいにふ》を管理《くわんり》し歳入出豫算表《さいにふしゆつよさんへう》其他《そのた》市會《しくわい》の議決《ぎけつ》に依《よう》て定《さだ》まりたる收入支出《しうにふし、ゆつ》を命令《めいれい》し會計《くわいけい》及《およ》び出納《すゐたふ》を監視《かんし》する事

四　市《し》の權利《けんり》を保護《ほご》し市有財産《しいうざいさん》を管理《くわんり》する事

五　市吏員《しりゐん》及《およ》び使丁《してい》を監督《かんとく》し市長《しちやう》を除《のぞ》くの外其他《ほかそのた》ふ對《たい》し懲戒處分《ちようかいしよぶん》を行《おこな》ふ事其懲戒處分《ちようかいしよぶん》ハ譴責《けんせき》及《およ》び十圓以下《ゑんいか》の過怠金《くわたいきん》とす

六　市《し》の諸證書《しよしようしよ》及《およ》び公文書類《こうぶんしよるゐ》を保管《ほくわん》する事

七　外部《くわいぶ》ふ對《たい》して市《し》を代表《だいへう》し市《し》の名義《めいぎ》を以て其訴訟《そしよう》並《ならび》に和解《わかい》に關《くわん》し又も他廳《たちやう》若《もし》くハ人民《じんみん》と商議《しやうぎ》する事

八　法律勅令《はふりつちよくれい》に依《よ》り又は市會《しくわい》の議決《ぎけつ》に從《したがつ》て使用料《しようれう》、手數料《てすうれう》、市税《しぜい》及《およ》び夫役現品《ぶやくげんぴん》を賦課徵收《ふくわちようしう》する事

九　其他法律命令《そのたはふりつめいれい》又は上司《じやうし》の指令《しれい》に依《より》て市參事會《しさんじくわい》に委任《ゐにん》したる事務《じむ》を處理《しより》する事

第六十五條　市參事會《しさんじくわい》ハ議長《ぎちやう》又も其代理者《だいりしや》及《およ》び名譽職《めいよしよく》會員定員《ていゐん》三分《ぶん》の一以上出席《しゆつせき》するときは議決を爲《な》すことを得、其議決《そのぎけつ》は可否《かひ》の多數《たすう》に依《よ》り之《こ》れを定《さだ》む可否同數《かひどうすう》なるときは議長の可否《かひ》する所《ところ》に依《よ》る、議決《ぎけつ》の事件《じけん》ハ之を議事錄《ぎじろく》ふ登記《とうき》す可し、市參事會の議決《ぎけつ》其權限《そのけんげん》を越《こ》え法律《はふりつ》命令《めいれい》に背《そむ》き又《また》は公衆《こうしう》の利益《りゑき》を害《がい》すと認《みと》むるときは市長ハ自己《じこ》の意見《ゐけん》に由《よ》り又は監督官廳《かんとくくわんちやう》の指揮《しき》ふ由《よ》り理由《りゆう》を示《しめ》して議決《ぎけつ》の執行《しつかう》を停止《ていし》し府縣參事會の裁決《さいけつ》を請《こ》ふ可し其權限《そのけんげん》を越《こ》ゑ又は法律勅令《はふりつちよくれい》に背《そむく》に依《よう》て議決の執行《しゆつかう》を停止《ていし》したる塲合《ばあひ》に於て府縣參事會の裁決《さいけつ》ふ不服《ふふく》ある者は行政裁判所《ぎやうせいさいばんしよ》に出訴《しゆつそ》することを得

第六十六條　第《だい》四十三條の規定《きてい》は市參事會《しさんじくわい》にも亦《また》之を適用《てきよう》す但し同條《どうでう》の規定《きてい》に從《したが》ひ市參事會正《せい》

當の會議を開くことを得ざるときは市會之に代《かは》て議決《ぎけつ》するものとす

第六十七條　市長《しちやう》は市政《しせい》一切《いつさい》の事務《じむ》を指揮《しき》監督《かんとく》し處務《しよむ》の澁滞《じふたい》なきことを務《つと》む可《べ》し市長は市參事《しさんじ》會《くわい》を召集《せうしふ》し之が議長《ぎちやう》となる市長《しちやう》故障《こしやう》あるときは其代理者《そのだいりしや》を以て之に充《あ》つ市長は市參事會《しさんじくわい》の議事《ぎじ》を準備《じゆんび》し其議決《ぎけつ》を執行《しつかう》し市參事會《しさんじくわい》の名《な》を以て文書《ぶんしよ》の往復《わうふく》を爲《な》し及び之に署名《しよめい》す

第六十八條　急施《きふし》を要する場合に於て市參事會《しさんじくわい》を召集《せうしふ》するの暇《いとま》なきときは市長《しちやう》は市參事會《しさんじくわい》の事務《じむ》を專決處分《せんけつしよぶん》し次回《じくわい》の會議《くわいぎ》に於《おい》て其處分《しよぶん》を報告《はうこく》す可し

第六十九條　市參事會員《しさんじくわいゐん》は市長の職務《しよくむ》を補助《ほじよ》し市長故障《こしやう》あるときは之を代理《だいり》す市長《しちやう》は市會《しくわい》の同意《どうい》を得《え》て市參事會員をして市行政事務《しぎやうせいじむ》の一部を分掌《ぶんしやう》せしむることを得此場合《このばあひ》に於ては名譽職《めいよしよく》會員《くわいゐん》は職務取扱《しよくむとりあつかひ》の爲《ため》に要《えう》する實費辨償《じつぴべんしやう》の外勤務《ほかきんむ》に相當《さうたう》する報酬《はうしう》を受《う》くることを得市條例《しでうれい》を以て助役《じよやく》及び名譽職會員《めいよしよくくわいゐん》の特別《とくべつ》なる職務並《しよくむならび》に市長代理《しちやうだいり》の順序《じゆんじよ》を規定《きてい》す可し若《も》し條例《でうれい》の規定《きてい》なきときは府縣知事《ふけんちじ》の定《さだ》むる所《ところ》に從《したが》ひ上席者《じやうせきしや》之を代理《だいり》す可し

第七十條　市收入役《しゝうにふやく》は市《し》の收入《しうにふ》を受領《じゆりやう》し其費用《ひよう》の支拂《しはらひ》を爲《な》し其他《た》會計事務《くわいけいじむ》を掌《つかさど》る

第七十一條　書記《しよき》は市長《しちやう》に屬《ぞく》し庶務《しよむ》を分掌《ぶんしやう》す

第七十二條　區長及び其代理者（第六十條）は市參事會《しさんじくわい》の機關《きくわん》となり其の指揮命令《しきめいれい》を受《う》れて區內に關《くわん》する市行政事務《しぎやうせいじむ》を補助執行《ほじよしつかう》するものとす

第七十三條　委員《ゐゐん》は（第六十一條）市參事會《しさんじくわい》の監督《かんとく》に屬《ぞく》し市行政事務《しぎやうせいじむ》の一部を分掌《ぶんしやう》し又は營造物《えいざうぶつ》を管理《くわんり》し若《もし》くは監督《かんとく》し又は一時の委託《ゐたく》を以て事務を處辨《しよべん》するものとす、市長は隨時《ずゐじ》委員會《ゐんくわい》に列席《れつせき》して議決《ぎけつ》に加《くわ》はり其議長たるの權《けん》を有す常設委員《ぢやうせつゐゐん》の職務權限《しよくむけんげん》に關《くわん》しては市條例を以て別段《べつだん》の規定《きてい》を設くることを得

第七十四條　市長は法律命令《はふりつめいれい》に從《したが》ひ左の事務を管掌《くわんしやう》す

一 司法警察補助官《しはふけいさつほぢよくわん》たるの職務《しよくむ》及び法律命令《はふりつめいれい》に依《よつ》て其管理《くわんり》に屬《ぞく》する地方警察の專務但《たゞ》し別《べつ》に官署《くわんしよ》を設《まう》けて地方警察事務《ちはうけいさつじむ》を管掌《くわんしやう》せしむるときは此限《げん》に在らず

二 浦役場《うらやくば》の事務

三 國の行政《ぎやうせい》並《ならび》に府《ふ》縣《けん》の行政《ぎやうせい》にして市に屬《ぞく》する事務但し別《べつ》に吏員《りゐん》の設《まう》けあるときは此限に在らず、右三項中の事務は監督官廳《かんとくくわんちやう》の許可《きよか》を得て之を市參事會員の一名に分《ぶん》掌《しやう》せしむることを得、本條に掲載《けいさい》する事務を執行《しつかう》するが爲《た》めに要《えう》する費用《ひよう》は市の負擔とす

第三款　給料《きうれう》及《およ》び給與《きうよ》

第七十五條　名譽職員《めいよしよくゐん》は此法律中別に規定《きてい》あるものを除《のぞ》くの外職務取扱《ほかしよくむとりあつか》ひの爲めに要《えう》する實費《じつぴ》の辨償《べんしやう》を受くることを得、實費辨償額《じつぴべんしやうがく》及《およ》び報酬額《はうしうがく》は市會之を議決《ぎけつ》す

第七十六條　市長助役其他《しちやうぢよやくそのた》有給吏員《いうきふりゐん》及《およ》び使丁《してい》の給料額《きふれうがく》も市會の議決《ぎけつ》を以て之を定む、市會の議決を以て市長の給料額《きうれうがく》を定《さだ》むるときは內務大臣の許可《きよか》を受くることを要《えう》す若《も》し之を許可《きよか》す可からずと認《みと》むるときは內務大臣之を確定《かくてい》す、市會の議決《ぎけつ》を以て助役の給料額《きふれうがく》を定《さだ》むるときは府縣知事《ふけんちじ》の許可《きよか》を受《う》くることを要す府縣知事に於《おい》て之を許可す可からずと認《みと》むるときは府縣參事會《ふけんさんじくわい》の議決《ぎけつ》に付《ふ》して之れを確定《かくてい》す、市長助役其他有給吏員《いうきふりゐん》の給料額《きふれうがく》は市條例を以て之を規定《きてい》することを得

第七十七條　市條例の規定《きてい》を以て市長其他有給吏員《いうきふりゐん》の退隱料《たいゐんれう》を設《まう》くることを得

第七十八條　有給吏員の給料《きふれう》、退隱料《たいゐんれう》其他第七十五條に定むる給與《きふよ》に關《くわん》して異議《いぎ》あるときは關《くわん》係者《けいしや》の申立に依《よ》り府縣參事會《ふけんさんじくわい》之を裁決《さいけつ》し其府縣參事會《さんじくわい》の裁決《さいけつ》に不服《ふふく》ある者は行政裁判所《ぎやうせいさいばんしよ》に出訴《しゆつそ》することを得

第七十九條　退隱料を受《う》くる者官職《くわんしよく》又は府縣郡市町村《ぐんしちやうそん》及《およ》び公共組合《こうきやうくみあひ》の職務《しよくむ》に就《つ》き給料を受《う》くるときは其間《そのあひだ》之を停止《ていし》し又は更《さら》に退隱料を受くるの權《けん》を得《う》るとき其額《そのがく》舊退隱料《きうたいゐんれう》と同額《どうがく》以上あるときは舊退隱料《きうたいゐんれう》は之を廢止《はいし》す

第八十條　給料《きふれう》、退隱料《たいゐんれう》、報酬《はうしう》及《およ》び辨償《べんしやう》は總《すべ》て市の負擔《ふたん》とす

第四章　市有財産《しいうざいさん》の管理《くわんり》

第一款　市有財産《ざいさん》及《およ》び市税《しぜい》

第八十一條　市《し》は其不動産《ふどうさん》、積立金穀等《つみたてきんこくとう》を以て基本財産《きほんざいさん》と爲し之を維持《ゐぢ》するの義務《ぎむ》あり、臨時《りんじ》に収入《しうにふ》したる金穀《きんこく》は基本財産《きほんざいさん》に加入《かにふ》す可し但し寄附《きふ》金等寄附《きんとうきふ》者《しや》其使用《しよう》の目的《もくてき》を定《さだ》むるものは此限《このけん》に在《あ》らず

第八十二條　凡市有財産《およそしいうざいさん》は全市《ぜんし》の爲《た》めに之を管理《くわんり》し及び共用《きやうよう》するものとす但《たゞ》し特《とく》に民法上《みんはふじやう》の權《けん》利《り》を有する者あるときは此限《このけん》に在《あ》らず

第八十三條　舊來《きうらい》の慣行《くわんかう》に依《よ》り市住民中《しぢうみんちう》特《とく》に其市有《しいう》の土地物件《とちぶつけん》を使用《しよう》する權利を有《いう》する者あるときは市會《しくわい》の議決《ぎけつ》を經《ふ》るに非《あらざ》れば其舊慣《きうくわん》を改《あらた》むることを得ず

第八十四條　市住民中特《しぢうみんちうとく》に市有《しいう》の土地物件《とちぶつけん》を使用《しよう》する權利《けんり》を得んとする者あるときは市條例《しでうれい》の規程《きてい》に依《よ》り使用料若《しようれうもし》くは一時《じ》の加入金《かにふきん》を徴收《ちようしう》し又は使用料加入金を共《とも》に徴收《ちようしう》して之を許可《きよか》することを得但特《たゞしとく》に民法上使用《みんぱふじやうしよう》の權利を有する者は此限に在《あ》らず

第八十五條　使用權《しようけん》を有する者（第八十三條第八十四條）は使用《しよう》の多寡《たくわ》に準《じゆん》じて其土地物件《とちぶつけん》に係《かゝ》る必要《ひつえう》なる費用《ひよう》を分擔《ぶんたん》す可きものとす

第八十六條　市會は市の爲《た》めに必要《ひつえう》なる場合《ばあひ》に於ては使用權《しようけん》（第八十三條、第八十四條）を取《と》り上《あ》げ又は制限《せいげん》することを得《う》但し特《とく》に民法上使用《みんはふじやうしよう》の權利《けんり》を有する者は此限に在《あ》らず

第八十七條　市有財産《しいうざいさん》の賣却貸與《ばいきやくたいよ》又は建築工事《けんちくこうじ》及び物品調達《ぶつぴんてうたつ》の請負《うけおひ》は公《おほやけ》の入札《にふさつ》に付《ふ》すべし但《たゞし》臨時急施《りんじきふし》を要《よう》するとき及び入札《にふさつ》の價額《かがく》其費用《そのひよう》に比して得失相償《とくしつあひつぐの》はざるとき又は市會の認許《にんきよ》を得るときは此限《このかぎ》りに在らず

第八十八條　市は其必要《そのひつよう》なる支出《しゆつ》及び從前法律命令《じうぜんはふりつめいれい》に依《よ》つて賦課《ふくわ》せられ又は將來法律勅令《しやうらいはふりつちよくれい》に依《よう》て賦課《ふくわ》せらるゝ支出《しゆつ》を負擔《ふたん》するの義務《ぎむ》あり、市は其財産《そのざいさん》より生《しやう》ずる收入及《しうにふおよ》び使用料手數料《しようれうてすう》（第八十九條）並《ならび》に科料過怠金其他法律勅令《くわれうくわたいきんそのたはふりつちよくれい》に依《よ》り市に屬《ぞく》する收入《しうにふ》を以て前項の支出《しゆつ》に充《あ》て猶不足《なほふそく》あるときは市税（第九十條）及び夫役現品《ぶやくげんぴん》（第百一條）を賦課徴收《ふくわちようしう》することを得

第八十九條　市は其所有物及《そのしよいうぶつおよ》び營造物《えいざうぶつ》の使用《しよう》に付《つ》き又は特に數個人《すこにん》の爲《ため》にする事業《じげふ》に付使用料又は手數料《てすうれう》を徴收《ちようしう》することを得

第九十條　市税として賦課《ふくわ》することを得《う》べき目左《もくさ》の如《ごと》し
一　國税府縣税《こくぜいふけんぜい》の附加税《ふかぜい》
二　直接《ちよくせつ》又は間接《かんせつ》の特別税《とくべつぜい》、附加税《ふかぜい》は直接《ちよくせつ》の國税《こくぜい》又は府縣税に附加《ふか》し均一《きんいつ》の税率《ぜいりつ》を以て市の全部より徴收《ちようしう》するを常例《じやうれい》とす特別税《とくべつぜい》は附加税《ふかぜい》の外別《ほかべつ》に市限《かぎ》り税目《ぜいもく》を起《おこ》して課税《くわぜい》することを要《えう》するとき賦課徴收《ふくわちようしう》するものとす

第九十一條　此法律《はふりつ》に規定《きてい》せる條項《でうかう》を除《のぞ》くの外使用料手數料《ほかしようれうてすうれう》（第八十九條）特別税《とくべつぜい》（第九十條、第一項第二）及《およ》び從前《じうぜん》の區町村費《くちやうそんひ》に關《くわん》する細則《さいそく》は市條例《れい》を以て之《これ》を規定《きてい》すべし其條例には科料《くわれう》一圓九十五錢以下の罰則《ばつそく》を設《まう》くることを得、科料《くわれう》に處《しよ》し及《およ》び之れを徴收《ちようしう》するは市參事《しさんじ》會《くわい》之を掌《つかさ》とる其の處分《しよぶん》に不服《ふふく》あるものは令状交付後《れいじやうかふご》十四日以内に司法裁判所《しはふさいばんしよ》に出訴《しゆつそ》することを得

第九十二條　三ケ月以上市内《いじやうしない》に滯在《たいざい》するものは其市税《そのしぜい》を納《をさ》むるものとす但《たゞ》し其課税《そのくわぜい》は滯在《たいざい》の初《はじ》

先に遡《さかのぼ》り徴収《ちやうしう》すべし

第九十三條　市内に住居《ぢうきよ》を搆《かま》へず又は三ヶ月以上滞在《いじやうたいざい》せることなしと雖《いへど》も市内に土地家屋《とちかをく》を所有《しよいう》し又は営業《えいげふ》をなすもの（店舗《てんぽ》を定《さだ》めざる行商《かうしやう》を除《のぞ》く）は其土地家屋営業《とちかをくえいげふ》若《も》しくは其所得に対《たい》して賦課《ふくわ》する市税を納《をさ》むるものとす其法人たるときも亦同じ但し郵便電信《いうびんでんしん》及《およ》び官設鉄道《くわんせつてつだう》の業《げふ》は此の限りに在らず

第九十四條　所得税に附加税《ふかぜい》を賦課《ふくわ》し及び市に於て特別《とくべつ》に所得税を賦課《ふくわ》せんとするときは納税者《なふぜいしや》の市外《しぐわい》に於ける所有《しよいう》の土地家屋又たは営業（店舗《てんぽ》を定《さだ》めざる行商《かうしやう》を除《のぞ》く）より収入《しうにふ》する所得ハ之れを控除《こうぢよ》すべきものとす

第九十五條　数市町村に住居《ぢうきよ》を搆《かま》へ又たは滞在《たいざい》するものに前條の市税を賦課《ふくわ》するときハ其の所得を各市町村に平分《へいぶん》し其の一部分《ぶぶん》にのみ課税《くわぜい》す可し但し土地家屋又ハ営業より収入《しうにふ》する所得ハ此限に在らず

第九十六條　所得税法第三條に掲《かゝ》ぐる所得ハ市税を免除《めんぢよ》す

第九十七條　左《さ》に掲《かゝ》ぐる物件《ぶつけん》ハ市税を免除《めんぢよ》す

一　政府、府県郡市町村及び公共組合《こうきようくみあひ》に属《ぞく》し直接《ちよくせつ》の公用《こうよう》に供《きよう》せる土地《とち》、営造物及び家屋

二　社寺《しやじ》及官立公立の学校病院其他学芸、美術及慈善の用《よう》に供《きよう》せる土地《とち》、営造物《えいざうぶつ》及《およ》び家屋《かをく》

三　官有《くわんいう》の山林《さんりん》又ハ荒蕪地《くわうぶち》但し官有山林又《また》は荒蕪地《くわうぶち》の利益《りえき》に係《かゝ》る事業《じげふ》を起《おこ》し内務大臣及び大蔵大臣の許可《きよか》を得て其費用を徴収《ちやうしう》せるは此限に在らず、新開地及開墾地《しんかいちおよびかいこんち》ハ市條例に依《よ》り年月を限り免税《めんぜい》することを得

第九十八條　前二條の外《ほか》市税《しぜい》を免除《めんぢよ》す可きものは別段《べつだん》の法律勅令《ちよくれい》に定むる所に従《したが》ふ皇族《くわうぞく》に係《かゝ》る市税《しぜい》の賦課《ふくわ》ハ追《おつ》て法律勅令を以て定《さだ》むる迄現今《まさげんこん》の例《れい》に依《よ》る

第九十九條　數個人《すうこにん》に於て專ら《もつぱら》使用《しよう》する所の營造物《えいざうぶつ》あるときは其修築及保存《しゆうちくおよびほぞん》の費用《ひよう》は之を其關《そのくわん》係者《けいしや》に賦課《ふくわ》す可し市內の一區《く》に於て專《もつぱ》ら使用《しよう》する營造物あるときは其區內《そのくない》に住居《ぢうきよ》し若《もし》くは滯在《たいざい》し又は土地家屋《とちかをく》を所有し營業《えいげふ》（店舗《てんぽ》を定《さだ》めざる行商《かうしやう》を除《のぞ》く）を爲《な》す者に於て其修築及《そのしゆちくおよ》び保存《ほぞん》の費用《ひよう》を負擔《ふたん》す可し但し其一區の所有財產《しよいうざいさん》あるときは其收入《しうにふ》を以て先《ま》づ其費用《ひよう》に充《あ》つ可し

第百條　市稅《しぜい》は納稅義務《なうぜいぎむ》の起《おこ》りたる翌月《よくげつ》の初《はじめ》より免稅理由《めんぜいりいう》の生《しやう》じたる月の終迄月割《をはりまでつきわり》を以て之を徵收《ちやうしう》す可し會計年度中《くわいけいねんどちう》に於て納稅義務《なうせいぎ》消滅《せうめつ》し又は變更《へんこう》するときは納稅者《なふぜいしや》より之を市長に屆《とゞけ》出《い》づ可し其屆出《そのとゞけいで》を爲《な》したる月の終迄《をはりまで》は從前《じうぜん》の稅《ぜい》を徵收《ちやうしう》することを得《う》

第百一條　市公共《しこうきやう》の事業《じげふ》を起《おこ》し又は公共の安寧《あんねい》を維持《ゐぢ》するが爲《た》めに夫役《ぶやく》及び現品《げんぴん》を以て納稅者に賦課《ふくわ》することを得《う》但し學藝美術及手工《がくげいびじゆつおよびしゆこう》に關する勞役《らうやく》を課《くわ》する事を得ず、夫役及《ぶやくおよ》び現品は急迫《きふはく》の場合《ばあひ》を除《のぞく》の外直接市稅《ほかちよくせつしぜい》を準率《ぢゆんりつ》と爲《な》し且《かつ》之を金額に算出《さんしゆつ》して賦課《ふくわ》す可し夫役《ぶやく》を課《くわ》せられたる者は其便宜《そのびんぎ》に從《したが》ひ本人自《みづか》ら之に當《あた》り又は適當《てきたう》の代人を出《いだ》す事を得又急迫《きふはく》の場合《ばあひ》を除《のぞ》くの外《ほか》金圓を以《もつ》て之《これ》に代《か》ふることを得《う》

第百二條　市に於《おい》て徵收《ちやうしう》する使用料《しようれう》、手數料《てすうれう》（第八十九條）市稅《しぜい》（第九十條）夫役《ぶやく》に代《か》ふる金圓（第百一條）共有物使用料及《きようゆうぶつしようれうおよ》び加入《かにふ》金（第八十四條）其他《そのた》市の收入《しうにふ》を定期內《ていきない》に納《をさ》めざるときは市參事會は之《これ》を督促《とくそく》し猶《なほ》之を完納《くわんなふ》せざるときは國稅滯納處分法《こくぜいたいなふしよぶんはふ》に依《よ》り之れを徵收《ちようしう》すべし其督促《そく》を爲《な》すには市條例《しでうれい》の規定《きてい》に依《よ》り手數料《てすうれう》を徵收することを得、納稅者中無資力《なふぜいしやちうむしりよく》なる者《もの》あるときは市參事會の意見《いけん》を以て會計年度內《くわいけいねんどない》に限《かぎ》り納稅《なふぜい》延期を許《ゆる》すことを得其年度《そのねんど》を越《こ》ゆる場合《ばあひ》に於ては市會《しくわい》の議決《ぎけつ》に依《よ》る、本條に記載《きさい》する徵收金《ちやうしう》の追徵《ついちやう》、期滿得免及《きまんとくめんおよ》び先取特權《さきどりとく》に付《つい》ては國稅《こくぜい》に關《くわん》する規則《きそく》を適用《てきよう》す

第百三條　地租《ちそ》の附加税《ふかぜい》ハ地租《ちそ》の納税者《なふぜいしや》に賦課《ふくわ》し其他《そのた》土地《とち》に對《たい》して賦課《ふくわ》そる市税《しぜい》は其の所有者《しよいうしや》又ハ使用者《しようしや》に賦課することを得

第百四條　市税《しぜい》の賦課に對《たい》する訴願《そぐわん》は賦課令状《れいじやう》の交付《かうふ》後三ヶ月以内に之を市參事會《しさんじくわい》に申立可し此期限《このきげん》を經過《けいくわ》するときハ其年度《そのねんど》内減税免税《ないげんぜいめんぜい》及び償還《しやうくわん》を請求《せいきう》するの權利《けんり》を失《うしな》ふものとそ

第百五條　市税《しぜい》の賦課《ふくわ》及び市の營造物《えいざうぶつ》、市有財産《しいうざいさん》並《ならび》に其所得を使用そる權利《けんり》に關《くわん》する訴願《そぐわん》は市參事會《さんじくわい》之を裁決《さいけつ》す但し民法《みんぱふ》上の權利《けんり》に係《かゝ》るものハ此限《このげん》に在らず
前項《ぜんかう》の裁決《さいけつ》に不服《ふふく》ある者は府縣參事會《ふけんさんじくわい》に訴願《そぐわん》し其《その》府縣參事會の裁決《さいけつ》に不服《ふふく》ある者は行政裁判所《ぎやうせいさいばんしよ》に出訴《しゆつそ》そることを得《う》本條の訴願《そぐわん》及び訴訟《そしやう》の爲《ため》に其處分《そのしよぶん》の執行《しつかう》を停止《ていし》するヿを得ず

第百六條　市《し》に於《おい》て公債《こうさい》を募集《ぼしよ》そるハ從前《じうぜん》の公債減額《こうさいげんがく》を償還《しやうくわん》する爲《ため》又たは天災時變《てんさいじへん》等《とう》已《や》むを得《え》ざる支出若《ししゆつもし》くハ市《し》の永久《えいきう》の利益《りえき》となる可き支出《しゝゆつ》を要《えう》するに方《あた》り通常《つうじやう》の歳入《さいにふ》を增加《ぞうか》するときは其市住民《そのしぢうみん》の負擔《ふたん》に堪《た》へざるの場合《ばあひ》に限《かぎ》るものとそ市會《しくわい》に於て公債募集《こうさいぼしよ》の事を議決《ぎけつ》するときは併《あは》せて其募集《そのぼしよ》の方法《はうはふ》、利息《りそく》の定率《ていりつ》及び償還《しやうくわん》の方法を定《さだ》む可し償還の初期《しよき》ハ三年以内《いない》と爲《な》し年々償還《ねんねんしやうくわん》の步合《ぶあひ》を定め募集《ぼしよ》の時より三十年以内《いない》に還了《くわんれう》す可し定額豫算内《ていがくよさんない》の支出《しゝゆつ》を爲《な》すが爲め必要《ひつえう》なる一時《じ》の借入金《しやくにふきん》は本條《ほんでう》の例《れい》に依《よ》らず其年度内《そのねんどない》の收入を以て償還《しやうくわん》す可き者とす、但《たゞ》し此場合《このばあひ》に於ては市會《しくわい》の議決《ぎけつ》を要《えう》せず

第二款《くわん》　市《し》の歳入出豫算及《さいにふしゆつよさんおよ》び決算《けつさん》

第百七條　市參事會《しさんじくわい》ハ每會計年度收入支出《さいくわいけいねんどしうにふししゆつ》の豫知《よち》し得《う》可き金額を見積《みつも》り年度前《まへ》二ヶ月を限《かぎ》り歳《さい》入出豫算表《にふしゆつよさんへう》を調製《てうせい》そ可し、但《たゞ》し市《し》の會計年度ハ政府《せいふ》の會計年度に同《おな》じ、内務大臣《ないむだいじん》は省令《しやうれい》を以て豫算表調製《よさんへうてうせい》の式《しき》を定《さだ》むることを得

第百八條　豫算表《よさんへう》ハ會計年度前市會《くわいけいねんどぜんしくわい》の議決《ぎけつ》を取《と》り之れを府縣知事に報告《はうこく》し並《ならび》に地方慣行《ちはうくわんかう》の方式《はうしき》

を以て其要領《えうりやう》を公告《こうこく》すへし、豫算表《よさんへう》を市會に提出《ていしゆつ》せるときハ市參事會ハ併《あは》せて其の市《そのし》事務《じむ》報告書《ほうこくしよ》及《およ》び財産明細表《ざいさんめいさいへう》を提出《ていしゆつ》す可し

第百九條　定額豫算外《ていかくよさんぐわい》の費用《ひよう》又は豫算《よさん》の不足《ふそく》あるときハ市會の認定《にんてい》を得て之を支出《しゆつ》することを得、定額豫算中臨時《ていかくよさんちうりんじ》の場合《ばあひ》ふ支出《しゆつ》するか爲めに豫備費《よびひ》を置《お》き市參事會ハ豫《あらかじ》め市會の認定《にんてい》を受《う》けすして豫算外《よさんぐわい》の費用《ひよう》又ハ豫算超過《よさんてうくわ》の費用《ひよう》ふ充《み》つることを得但《たゞ》し市會の否決《ひけつ》したる費途《ひと》に充《み》つることを得す

第百十條　市會ふ於《おい》て豫算表《よさんへう》を議決《ぎけつ》したるときハ市長より其謄寫《そのとうしや》を以て之れを收入役《しうにふやく》に交付《かうふ》す可し其豫算表中監督官廳若《そのよさんへうちうかんとくくわんちやうも》しくハ參事會の許可を受《う》く可き事項《じかう》あるときは（第百二十一條より第百二十三條に至《いた》る）先《ま》つ其許可《きよか》を受く可し收入役《しうにふやく》は市參事會（第六十四條第二項第三）又は監督官廳《かんとくくわんてう》の命令《めいれい》あるに非《あら》ざれば支拂《しはらひ》を爲《な》すことを得す又收入役は市參事會の命令《めいれい》を受《う》くるも其支出豫算表中《しゆつよさんへうちう》ふ豫定《よてい》なきか又は其命令第百九條の規定《ぎてい》に據《よ》らざる時《とき》は支拂《しはらひ》を爲《な》すことを得す

前項の規定《きてい》に背《そむ》きたる支拂《しはらひ》ハ總《すべ》て收入役の責任《せきにん》ふ歸《き》す

第百十一條　市の出納《すゐたふ》は每月例日を定《さだ》めて檢査《けんさ》し及《およ》び每年少《さいねんすくな》くも一回臨時檢査《くわいりんじけんさ》を爲《な》す可し例月《れいげつ》檢査《けんさ》は市長又ハ其代理者《そのだいりしや》之れを爲《な》し臨時檢査《りんじけんさ》ハ市長又は其代理者《だいりしや》の外《ほか》市會の互選《ごせん》したる議員《ぎゐん》一名以上の立會《たちあひ》を要《えう》す

第百十二條　決算《けつさん》は會計年度《くわいけいねんど》の終《をはり》より三ヶ月以內《いない》ふ之を結了《けつれう》し證書類《しようしよるゐ》と併《あは》せて收入役より之を市參事會に提出《ていしゆつ》し市參事會は之を審査《しんさ》し意見《いけん》を附《ふ》して之を市會の認定《にんてい》に付《ふ》す可し其市會の認定《にんてい》を經《へ》たるときは市長より之を府縣知事《ふけんちじ》に報告《ほうこく》す可し決算報告《けつさんほうこく》を爲《な》すときは第卅八條及び第四十三條の例《れい》に準《じゆん》し市參事會員故障《こしやう》あるものとす

第五章　特別《とくべつ》の財産《ざいさん》を有《いう》する市區《しく》の行政《ぎやうせい》

第百十三條　市内の一區《く》にして特別《とくべつ》に財産《ざいさん》を所有《しよいう》し若《もし》くハ營造物を設け其區《く》限《かぎ》り特《こと》に其費用《そのひよう》（第九十九條）を負擔《ふたん》するときは府縣參事會は其市會の意見《いけん》を聞《き》き條例を發行《はつかう》し財産及《ざいさんおよ》び營造物に關《くわん》する事務《じむ》の爲《た》め區會を設《まう》くることを得其會議《そのくわいぎ》は市會の例《れい》を適用《てきよう》することを得

第百十四條　前條に記載《きさい》する事務《じむ》ハ市の行政に關《くわん》する規則《きそく》に依《よ》り市參事會之を管理《くわんり》す可《べ》し但區《たゞしく》の出納及《すゐたふおよ》び會計の事務《じむ》ハ之を分別《ぶんべつ》す可し

第六章　市行政の監督《かんとく》

第百十五條　市行政ハ第一次《じ》に於て府縣知事之を監督《かんとく》し第二次に於て内務大臣之を監督《かんとく》す但法《たゞしはふ》律《りつ》に指定《してい》したる場合《ばあひ》に於《おい》て府縣參事會の參與《さんよ》するハ別段《べつだん》なりとす

第百十六條　此法律中別段《このはふりつちうべつだん》の規定《きてい》ある場合《ばあひ》を除《のぞ》くの外凡《ほかおよ》そ市の行政に關《くわん》する府縣知事若《もし》くハ府縣參事會の處分若《しよぶんもし》くハ裁決《さいけつ》に不服《ふふく》ある者は内務大臣に訴願《そぐわん》することを得市の行政に關《くわん》する訴願《そぐわん》は處分書若《しよぶんしよもし》くは裁決書《さいけつしよ》を交付《かふ》し又は之を告知《こくち》したる日より十四日以内《いない》に其理由《りいう》を具《ぐ》へて之を提出《ていしゆつ》す可《べ》し但し此法律中別《ちうべつ》に期限《きげん》を定《さだ》むるものハ此限《このげん》に在《あ》らず此法律中《このはふりつちう》に指定《してい》する場合《ばあひ》に於《おい》て府縣知事若《もし》くは府縣參事會の裁決《さいけつ》に不服《ふふく》ありて行政裁判所《ぎやうせいさいばんしよ》に出訴《しゆつそ》せんとする者ハ裁決書《さいけつしよ》を交付《かふ》し又ハ之を告知《こくち》しさる日より廿一日以内に出訴《しゆつそ》す可し行政裁判所《ぎやうせいさいばんしよ》に出訴《しゆつそ》することを許《ゆる》したる場合《ばあひ》に於《おい》てハ内務大臣に訴願《そぐわん》することを得ず訴願及《そぐわんおよ》び訴訟《そしよう》を提出《ていしゆつ》するときハ處分《しよぶん》又は裁決《さいけつ》の執行《しつかう》を停止《ていし》す但し此法律中別《ちうべつ》に規定《きてい》あり又ハ當該官廳《たうがいくわんちやう》の意見《いけん》に依り其停止《ていし》の爲めに市の公益《こうえき》に害《がい》ありと爲《な》すときハ此限《このげん》に在らず

第百十七條　監督官廳《かんとくくわんちやう》は市行政の法律命令に背戻《はいれい》せざるや其事務《そのじむ》錯亂澁滯《さくらんじふたい》せざるや否《いな》を監視《かんし》す可し監督官廳《かんとくくわんちやう》ハ之れが爲に行政事務に關《くわん》して報告《はうこく》を爲《な》さしめ豫算《よさん》及び決算等《けつさんとう》の書類帳《しよるゐちやう》

簿《ぼ》を徵《ちやう》し並《ならび》ふ實地《じつち》に就《つい》て事務の現況《げんきやう》を視察《しさつ》し出納《すゐたふ》を撿閲《けんえつ》するの權を有す

第百十八條　市に於て法律勅令《はふりつちよくれい》に依《よつ》て負擔《ふたん》し又は當該官廳《たうがいくわんちやう》の職權《しよくけん》ょ依《よつ》て命令《めいれい》する所の支出《しゆつ》を定《てい》額豫算《かくよさん》に載《の》せず又は臨時《りんじ》之を承認《しようにん》せず又ハ實行《じつかう》せざるときは府縣知事ハ理由《りいう》を示《しめ》して其支《そのし》出額《しゆつがく》を定額豫算表《ていがくよさんへう》に加《くは》へ又は臨時《りんじ》支出《しゆつ》せしむ可し市に於て前項の處分《しよぶん》に不服《ふふく》あるときは行政裁判所に出訴《しゆつそ》することを得

第百十九條　凡そ市會又ハ市參事會に於て議決《ぎけつ》す可《べ》き事件《じけん》を議決《ぎけつ》せざるときハ府縣參事會代《かは》つて之を議決《ぎけつ》す可し

第百二十條　內務大臣は市會を解散《かいさん》せしむることを得解散《かいさん》を命《めい》じたる場合《ばあひ》に於てハ同時に三ヶ月以內更《さら》ふ議員《ぎゐん》を改選《かいせん》す可《べ》き事を命ず可し但し改選《かいせん》市會《しくわい》の集會《しよくわい》する迄《まで》ハ府縣參事會市會に代《かはつ》て一切《さい》の事件《じけん》を議決《ぎけつ》す

第百二十一條　左《さ》の事件に關《くわん》する市會の議決《ぎけつ》ハ內務大臣の許可《きよか》を受くることを要《えう》す

一　市條例を設《まう》け並《ならび》に改正《かいせい》する事

二　學藝《がくげい》、美術《びじゆつ》に關し又ハ歷史上貴重《れきしじやうきちよう》なる物品《ぶつぴん》の賣却讓與質入書入交換若《ばいきやくじやうよしちいれかきいれかうくわんも》しくハ大なる變更《へんかう》を爲《な》す事

前項第一の場合《ばあひ》に於ても勅裁《ちよくさい》を經《へ》て之を許可す可《べ》し

第百二十二條　左《さ》の事件《じけん》ふ關する市會《しくわい》の議決《ぎけつ》は內務大臣及《およ》び大藏大臣の許可を受《う》くることを要《えう》す

一　新《あらた》に市の負債《ふさい》を起《おこ》し又ハ負債額《ふさいがく》を增加《ぞうか》し及び第百六條第二項の例《れい》に違《たが》ふもの但し償《しやう》還期限《くわんきげん》三年以內《いない》のものハ此限《このげん》に在らず

二　市特別稅《しとくべつぜい》並《ならび》に使用料《しようれう》、手數料《てすうれう》を新設《しんせつ》し增額《ぞうがく》し又ハ變更《へんかう》する事

三　地租《ちそ》七分《ぶん》の一其他直接國稅《そのたちよくせつこくぜい》百分《ぶん》の五十を超過《ちうくわ》する附加稅《ふかぜい》を賦課《ふか》する事

四　間接國税に附加税を賦課する事

五　法律勅令の規定《きてい》に依《よ》り官廳《くわんちやう》より補助《ほじよ》する歩《ぶ》合金《あひきん》に對《たい》し支出金額《ししゆつきんがく》を定《さだ》むる事

第百二十三條　左《さ》の事件に關《くわん》する市會の議決《ぎけ》は府縣參事會の許可を受《う》くることを要《なう》す

一　市《し》の營造物《えいざうぶつ》に關する規則《きそく》を設《まう》け並《ならび》に改正《かいせい》する事

二　基本財産《きほんざいさん》の處分《しよぶん》に關する事《こと》（第八十一條）

三　市有不動産《しいうふどうさん》の賣却讓與《ばいきやくぢやうよ》並《なら》びに質入書入《しちいれかきいれ》を爲《な》す事

四　各個人《かくこじん》特《とく》に使用《しよう》する市有土地《しいうとち》使用法《しようはふ》の變更《へんかう》を爲《な》す事（第八十六條）

五　各種《かくしゆ》の保證《ほしよう》を與《あた》ふる事

六　法律勅令に依《よつ》て負擔《ふたん》する義務《ぎむ》に非《あら》ずして向《むかふ》五ヶ年以上《いじやう》に亘《わた》り新《あらた》に市住民《しぢうみん》に負擔《ふたん》を課《くわ》する事

七　均一《きんいつ》の税率《ぜいりつ》に據《よ》らずして國税府縣税《こくぜいふけんぜい》に附加税《ふかぜい》を賦課《ふくわ》する事（第九十條第二項）

八　第九十九條に從《したが》ひ數個《すこ》人《にん》又は市内の一區に費用《ひよう》を賦課《ふくわ》する事

九　第百一條の準率《じゆんりつ》に據《よ》らずして夫役及《ぶやくおよ》び現品《げんぴん》を賦課《ふくわ》する事

第百二十四條　府縣知事は市長、助役、市參事會員、委員《ゐゐん》、區長《くちやう》、其他《そのた》市吏員《しりゐん》に對《たい》し懲戒處分《ちやうかいしよぶん》を行《おこな》ふことを得《う》其懲戒處分《ちようかいしよぶん》は譴責及《けんせきおよ》び過怠金《くわたいきん》とす、其過怠金《くわたいきん》は二十五圓以下とす、追《おつ》て市吏員の懲戒法《ちようかいはふ》を設《まう》くる迄《まで》は左之區別《くべつ》に從《したが》ひ官吏懲戒例《くわんりちやうかいれい》を適用《てきよう》す可し

一　市參事會の懲戒處分《ちやうかいしよぶん》（第六十四條第二項第五）に不服《ふふく》ある者は府縣知事に訴願《そぐわん》し府縣知事の裁決《さいけつ》に不服《ふふく》ある者は行政裁判所《ぎやうせいさいばんしよ》に出訴《しゆつそ》することを得

二　府縣知事の懲戒處分《ちようかいしよぶん》に不服《ふふく》ある者は行政裁判所に出訴《しゆつそ》することを得

三　本條第一項に掲載《けいさい》する市吏員《しりゐん》職務《しよくむ》に違《ちが》ふことを再三に及び又は其情状《そのじやうじやう》重《おも》き者又は情状《じやうけやう》

を亂《みだ》り廉恥《れんち》を失《うしな》ふ者、財産《ざいさん》を浪費《らうひ》し其分《そのぶん》を守《まも》らざる者又は職務《しよくむ》を擧《あ》らざるものは懲戒《ちようかい》裁判《さいばん》を以《もつ》て其職《しよく》を解《と》くことを得其隨時解職《ずいじかいしよく》することを得可きものは（第六十三條）懲戒裁判を以《もつ》てするの限《かぎ》りに在《あ》らず總《すべ》て解職《かいしよく》せられたる者は自己《じこ》の所爲《しよゐ》に非《あら》ずして職務を執《と》るに堪《た》へざるが爲《た》め解職《かいしよく》せられたる場合《ばあい》を除《のぞ》くの外退隱料《たいゐんれう》を受《う》るの權《けん》を失《うしな》ふものとす

四　懲戒裁判《ちようかいさいばん》は府縣知事其審問《しんもん》を爲《な》し府縣參事會之《これ》を裁決《さいけつ》す其裁決に不服《ふふく》ある者は行政裁判所《さいばんしよ》に出訴《しゆつそ》する事を得、市長の解職《かいしよく》に係《かゝ》る裁決《さいけつ》は上奏《じやうそう》して之を執行《しつかう》す、監督官廳《かんとくくわんちやう》は戒懲裁判《ちやうかいさいばん》の裁決前《さいけつぜん》吏員の停職《ていしよく》を命《めい》じ並《ならび》に給料《きふれう》を停止《ていし》する事を得

第百二十五條　市吏員《しりゐん》及び使丁其職務《しよくむ》を盡《つく》さず又は權限《けんげん》を越《こ》たる事あるが爲め市に對《たい》して賠償《ばいしやう》す可きことあるときは府縣參事會之《これ》を裁決《さいけつ》す其裁決《さいけつ》に不服《ふふく》ある者は裁決書を交付《かうふ》し又は之を告知《こくち》したる日より七日以內に行政裁判所に出訴《しゆつそ》することを得但《たゞ》し出訴《しゆつそ》を爲《な》したるときは府縣參事會は假《かり》に其財産《そのざいさん》を差押《さしおさ》ふることを得

第七章　附則《ふそく》

第百二十六條　此法律《このはふりつ》は明治二十二年四月一日より地方《ちはう》の情況《じやうきやう》を裁酌《さいしやく》し府縣知事の具申《ぐしん》に依《よ》り內務大臣指定《してい》する地《ち》に之を施行《しかう》す

第百二十七條　府縣參事會及び行政裁判所を開設《かいせつ》する迄の間府縣參事會の職務《しよくむ》は府縣知事行政裁判所の職務《しよくむ》は內閣《ないかく》に於《おい》て之を行《おこな》ふ可し

第百二十八條　此法律に依《よ》り初《はじめ》て議員を選擧《せんきよ》するに付《つき》市參事會及び市會の職務並《しよくむならび》に市條例を以《もつ》て定《さだ》む可事項《べきじかう》は府縣知事又は其指命《しめい》する官吏《くわんり》に於て之を施行《しかう》す可し

第百二十九條　社寺宗教《しやじしうけう》の組合《くみあひ》に關《くわん》しては此法律を適用《てきよう》せず現行《げんかう》の例規《れいき》及び其他の習慣《しふくわん》に從《したが》ふ

第百三十條　此法律中に記載《きさい》せる人口ハ最終《さいしゆう》の人口調査《てうさ》ニ依《よ》り現役軍人《げんえきぐんじん》を除《のぞ》きたる數《かず》を云《いふ》

第百三十一條　現行《げんこう》の租税中《そぜいちう》此法律に於《おい》て直接税《ちよくせつぜい》又ハ間接税《かんせつぜい》とす可き類別《るいべつ》ハ内務大臣及《およ》び大藏大臣之を告示《こくじ》す

第百三十二條　明治九年十月第百三十號布告《がうふこく》各區町村金穀公借共有物取扱土木起功規則《かく〱ちやうそんきんこくこうしやくきようゆうぶつとりあつかひどぼくきこうきそく》、明治十一年七月第十七號布告《がうふこく》郡區町村編制法《ぐん〱ちやうそんへんせいほう》第四條、明治十七年五月第十四號布告《ふこく》區町村會法、明治十七年五月第十五號布告《ふこく》、明治十七年七月第二十三號布告《ふこく》、明治十八年八月第二十五號布告《ふこく》其他此法律に抵觸《ていしよく》する成規《せいき》は此法律施行《このはふりつしかう》の日より總《すべ》て之を廢止《はいし》す

第百三十三條　内務大臣《ないむだいじん》は此法律實行《じつかう》の責《せめ》に任《にん》じ之《これ》が爲め必要《ひつえう》なる命令及《めいれいおよ》び訓令《くんれい》を發布《はつぷ》す可《べ》し

町《ちやう》村《そん》制《せい》

第四章　町村有財産《いうざいさん》の管理《くわんり》

第一款　町村有財産《いうざいさん》及び町村税《ぜい》

第二款　町村の歳入出豫算《さいにふしゆつよさん》及び決算《けつさん》

第五章　町村內各部《かくぶ》の行政

第六章　町村組合《くみあひ》

第七章　町村行政《ぎやうせい》の監督《かんとく》

第八章　附《ふ》則《そく》

町《ちやう》村《そん》制《せい》

第一章　總則

第一款　町村及び其區域《そのくゐき》

第一條　此法律は市制《しせい》を施行《しかう》する地を除《のぞ》き總《すべ》て町村に施行《しかう》するものとす

第二條　町村は法律上一個人《こじん》と均《ひと》しく權利《けんり》を有《いう》し義務《ぎむ》を負擔《ふたん》し凡《およ》そ町村公共《こうきやう》の事務《じむ》は官《くわん》の監督《かんとく》を受《う》けて自《みづか》ら之を處理《しより》するものとす

第三條　凡《およ》そ町村ハ從來《じうらい》の區域《くゐき》を存《そん》して之を變更《へんかう》せず但《たゞ》し將來其變更《しやうらいそのへんかう》を要《えう》することあるときは此法律に準據《じゆんきよ》す可し

第四條　町村の廢置《はいち》分合《ぶんがふ》を要《えう》するときは關係《くわんけい》ある市町村會及び郡參事會《ぐんさんじくわい》の意見《いけん》を聞き府縣參事會之を議決《ぎけつ》し內務大臣の許可《きよか》を受《う》く可《べ》し町村境界《きやうかい》の變更《へんかう》を要《えう》するときは關係《くわんけい》ある町村會及び地主《ぢぬし》の意見《いけん》を聞《き》き郡參事會之を議決《ぎけつ》す其數郡《そのすうぐん》に涉《わた》り若くハ市《し》の境界《きやうかい》に涉《わた》るものは府縣參事會之を議決《ぎけつ》す町村の資力法律上《しりよくはふりつじやう》の義務《ぎむ》を負擔《ふたん》するに堪《たへ》ず又ハ公益上《こうえきじやう》の必要《ひつえう》あるときは關係者の異議《いぎ》に拘《かゝは》らず町村を合併《がつぺい》し又ハ其境界《そのきやうかい》を變更《へんかう》することある可《べ》し、本條の處分《しよぶん》に付其

町村の財產處分《ざいさんしよぶん》を要《えう》するときハ併《あは》せて之を議決《ぎけつ》す可し

第五條　町村の境界《きやうかい》に關《くわん》する爭論《さうろん》ハ郡參事會之を裁決《さいけつ》す其數郡《すうぐん》に涉《わた》り若くハ市の境界《きやうかい》に涉《わた》るものハ府縣參事會之を裁決《さいけつ》す其郡參事會の裁決《さいけつ》に不服《ふふく》ある者ハ府縣參事會に訴願《そぐわん》し其府縣參事會の裁決《さいけつ》に不服《ふふく》ある者《もの》ハ行政裁判所に出訴《しゆつそ》することを得

第二款　町村住民及《およ》び其權利義務《けんりぎむ》

第六條　凡《およ》そ町村內に住居《ちうきよ》を占《し》むる者ハ總《すべ》て其町村住民とす、凡《およ》そ町村住民たる者は此法律ふ從《したが》ひ公共《こうきよう》の營造物並ふ町村有財產《いうざいさん》を共用《きようよう》するの權利《けんり》を有《いう》し及《およ》び町村の負擔《ふたん》を分任《ぶんにん》するの義《ぎ》務《む》を有する者とす但し特《とく》に民法上の權利《けんり》及《およ》び義務《ぎむ》を有する者あるときは此限に在《あ》らず

第七條　凡《およ》そ帝國臣民にして公權《こうけん》を有《いう》する獨立《どくりつ》の男子《だんし》二年以來(一)町村の住民となり(二)其町村の負擔《ふたん》を分任《ぶんにん》し及び(三)其町村內に於て地租《ちそ》を納《をさ》め若《も》しくは直接國稅年額《ちよくせつこくぜいねんがく》二圓以上《ゑんいじやう》を納《をさ》むる者は其町村公民とす其公費《こうひ》を以て救助《きうじよ》を受《う》けたる後二年を經ざる者ハ此限ふ在《あ》らず但《たゞ》し場合《ばあひ》に依《よ》り町村會の議決《ぎけつ》を以て本條に定《さだ》むる二ケ年の制限《せいげん》を特免《とくめん》することを得、此法律に於て獨立と稱するハ滿二十五歲以上にして一戶を構《かま》へ且治產《ちさん》の禁《きん》を受《う》れざる者を云ふ

第八條　凡そ町村公民は町村の選擧ふ參與《さんよ》し町村の名譽職《めいよしよく》に選擧《せんきよ》せらるゝの權利《けんり》あり又其名譽職を擔任《たんにん》するハ町村公民の義務《ぎむ》なりとす

左の理由《りゆう》あるに非ざれば名譽職を拒辭《きよじ》し又《また》ハ任期《にんき》中退職《ちうたいしよく》することを得ず

一　疾病《しつぺい》ふ罹《かゝ》り公務《こうむ》に堪へざる者

二　營業《えいげふ》の爲《た》めに常に其町村內に居《を》ることを得ざる者

三　年齡滿《ねんれいまん》六十歲以上の者

四　官職《くわんしよく》の爲《た》めに町村の公務《こうむ》を執《と》ることを得ざる者

五　四年間無給《むきう》にして町村吏員の職《しよく》に任《にん》じ爾後《じご》四年を經過《けいくわ》せざる者及び六年間町村議員の職に居《きよ》り爾後《じご》六年を經過《けいくわ》せざる者

六　其他《そのた》町村會の議決《ぎけつ》に於て正當《せいたう》の理由《りいう》ありと認《みと》むる者

前項の理由《りいう》なくして名譽職を拒辭《きよじ》し又は任期中退職《ちうたいしよく》し若《も》しくは無任期《むにんき》の職務《しよくむ》を少《すく》なくも三年間擔當《たんたう》せず又は其職務《そのしよくむ》を實際《じつさい》に執行《しつかう》せざる者は町村會の議決《ぎけつ》を以て三年以上六年以下其町村公民たるの權《けん》を停止《ていし》し且《かつ》同年期間《きかん》其負擔《そのふたん》す可き町村費の八分一乃至《ないし》四分一を増加《ぞうくわ》することを得、前項町村會の議決《ぎけつ》に不服《ふふく》ある者《もの》は郡參事會に訴願《そぐわん》し其郡參事會の裁決《さいけつ》に不服《ふふく》ある者は府縣參事會に訴願し其府縣參事會の裁決《さいけつ》に不服《ふふく》ある者《もの》は行政裁判所に出訴《しゆつそ》することを得

第九條　町村公民たる者第七條に掲載《けいさい》する要件《えうけん》の一を失《うしな》ふときは其公民たるの權《けん》を失《うしな》ふものとす、町村公民たる者身代限《しんだいかぎ》り處分中《しよぶんちう》又は公權剝奪《こうけんはくだつ》若《も》しくは停止《ていし》を附加《ふか》す可き重輕罪《ぢうけいざい》の爲《ため》裁判上の訊問《じんもん》若《も》しくは勾留《こうりう》中又は租税滯納處分中《そぜいたいなふしよぶんちう》は其公民《こうみん》たるの權《けん》を停止《ていし》す、陸海軍《りくかいぐん》の現役《げんえき》に服する者は町村の公務に參與《さんよ》せざるものとす町村公民たる者《もの》に限《かぎ》りて任《にん》ず可き職務《しよくむ》に在る者本條《ほんでう》の場合《ばあひ》に當《あた》るときは其職務《そのしよくむ》を解《と》く可きものとす

第三款　町村條例《でうれい》

第十條　町村の事務《じむ》及《およ》び町村住民の權利義務《けんりぎむ》に關《くわん》し此法律中《このはふりつちう》に明文《めいぶん》なく又は特例《とくれい》を設《まう》くることを許《ゆる》せる事項は各町村に於《おい》て特《とく》に條例《でうれい》を設《まう》けて之れを規定《きてい》することを得、町村に於《おい》ては其町村の設置《せつち》にかゝる營造物《えいざうぶつ》に關し規則《きそく》を設《まう》くることを得、町村條例及び規則は法律命令に抵《てい》觸《しよく》することを得ず且之を發行《はつかう》するときは地方慣行《ちはうくわんかう》の公告式《こうこくしき》に依《よ》る可し

第二章　町村會《ちやうそんくわい》

第一款　組織《そしき》及《およ》び選擧《せんきよ》

第十一條　町村會議員ハ其《その》町村の選擧人《せんきよにん》其被選擧權《そのひせんきよけん》ある者より之を選擧《せんきよ》す其定員《ていゐん》ハ其町村の人口ニ準《じゆん》じ左の割合《わりあひ》を以て之《これ》を定む但《たゞ》し町村條例を以て特《とく》に之《これ》を増減《ぞうげん》することを得《う》

一　人口千五百未滿《みまん》の町村に於てハ議員八人

一　人口千五百以上《いじやう》五千未滿《みまん》の町村《ちやうそん》に於《おい》てハ議員十二人

一　人口五千以上《いじやう》一万未滿《みまん》の町村に於てハ議員十八人

一　人口一万以上《いじやう》二万未滿の町村に於《おい》てハ議員《ぎゐん》二十四人

一　人口二万以上《いじやう》の町村に於てハ議員三十人

第十二條　町村公民《こうみん》(第七條)ハ總《すべ》て選擧權《せんきよけん》を有《いう》す但し其公民權《そのこうみんけん》を停止《ていし》せらるゝ者(第八條第三項《かう》第九條第二項)及《およ》び陸海軍《りくかいぐん》の現役《げんえき》に服《ふく》する者ハ此限に在《あ》らず、凡《およ》そ内國人にして公權《こうけん》を有《いう》し直接《ちよくせつ》町村税を納むる者其額《そのがく》町村《ちやうそん》公民《こうみん》の最《もつと》も多《おほ》く納税《なふぜい》する者三名中《ちう》の一人よりも多《おほ》き時《とき》は第七條の要件《ようけん》に當《あた》らずと雖《いへど》も選擧權《せんきよけん》を有す但《たゞ》し公民權《こうみんけん》を停止《ていし》せらるゝ者及《およ》び陸海軍《りくかいぐん》の現役《えき》に服《ふく》する者ハ此限に在《あ》らず法律に從《したが》つて設立《せつりつ》したる會社其他法人《くわいしやそのたはふじん》にして前項の場合《ばあひ》に當る時《とき》も亦同《またおな》じ

第十三條　選擧人《せんきよにん》は分《わか》つて二級と爲《な》し選擧人中直接町村税《ちうちよくせつちやうそんぜい》の納額《なふがく》多き者を合せて選擧人全員の納《をさ》むる總額《そうがく》の半《なかば》に當《あた》る可き者を一級とし爾餘《じよ》の選擧人《せんきよにん》を二級とす、一級二級の間納税額兩級に跨《またが》る者あるときハ一級に入る可し又兩級の間《あひだ》に同額《どうがく》の納税者《なふぜい》二名以上あるときは其町村内に住居《ぢうきよ》する年數《ねんすう》の多《おほ》き者を以て一級に入る若し住居の年數に依り難きときは年齡を以てし年齡にも依り難《がた》きときは町村長抽籤《ちやうそんちうせん》を以て之を定む可し、選擧人每級各別に議員の半數を選擧《せんきよ》す其被《ひ》選擧人は同級内の者に限《かぎ》らず兩級に通じて選擧せらるゝことを得

第十四條　特別《とくべつ》の事情《じじやう》ありて前條《ぜんでう》の例《れい》に依《よ》り難《がた》き町村に於ても町村條例を以《もつ》て別《べつ》に選擧の特例《とくれい》

を設《まう》くることを得《う》

第十五條　選擧權《せんきよけん》を有《いう》する町村公民（第十二條第一項）は總《すべ》て被選擧權《ひせんきよけん》を有す

左《さ》に掲ぐる者は町村會議員たることを得ず

一　所屬府縣郡《しよぞくふけんぐん》の官吏《くわんり》

二　有給《いうきう》の町村吏員《ちやうそんりゐん》

三　檢察官《けんさつくわん》及《およ》び警察官吏《けいさつくわんり》

四　神官僧侶《しんくわんそうりよ》及び其他諸宗敎師《そのたしよしうけうし》

五　小學校敎員《せうがくかうけうゐん》

其他官吏にして當選《たうせん》し之れに應《おう》せんとするときは所屬長官《しよぞくちやうくわん》の許可《きよか》を受《う》く可し代言人《だいげんにん》は非《あら》ずして他人《たにん》の爲《た》めに裁判所又たは其他の官廳《くわんちやう》に對《たい》して事を辨《べん》ずるを以て業《げふ》と爲《な》す者は議員に選擧《せんきよ》せらるゝことを得《え》ず父子《ふし》兄弟《けいてい》たるの縁故《ゑんこ》ある者は同時《どうじ》に町村會議員たる事を得ず其同時に選擧《せんきよ》せられたるときは投票《とうへう》の數《すう》に依《よ》て其多《そのおほ》き者一人を當選《たうせん》とし若《も》し同數《どうすう》なれば年《ねん》長者《ちやうじや》を當選《たうせん》とす其時を異《こと》にして選擧《せんきよ》せられたる者《もの》は後者《こうしや》議員たることを得ず、町村長若《も》しくは助役《じよやく》との間《あひ》だ父子兄弟たるの縁故《ゑんこ》ある者《もの》は之と同時に町村會議員たることを得ず若《も》し議員との間に其縁故《そのゑんこ》ある者《もの》町村長若《も》しくは助役《じよやく》に選擧《せんきよ》せられ認可《にんか》を受《う》くるときは其縁故《ゑんこ》ある議員は其職《しよく》を退《しり》ぞく可し

第十六條　議員《ぎゐん》は名譽職《めいよしよく》とす其任期《そのにんき》は六年とし毎三年各級《かくきふ》に於て其《そ》の半數《はんすう》を改選《かいせん》す若し各級《かくきふ》の議員二分《ぶん》し難《かた》きときは初回《しよくわい》に於て多數《たすう》の一半《はん》を解任《かいにん》せしむ初回《しよくわい》に於て解任《かいにん》す可きものは抽《ちう》籤《せん》を以て之れを定《さだ》む、退任《たいにん》の議員は再選《さいせん》せらるゝことを得

第十七條　議員中闕員《けつゐん》あるときは毎三年定期改選《ていきかいせん》の時に至り同時に補闕選擧《ほけつせんきよ》を行《おこな》ふ可し若し定《てい》

員三分の一以上闕員ある時又は町村會町村長若しくは郡長に於て臨時補闕を必要と認るとき定期《ていき》前《ぜん》と雖《いへど》も其《その》補闕選擧《ほけつせんきよ》を行ふ可し補闕議員《ほけつぎゐん》も其前任者《ぜんにんしや》の殘任期間《ざんにんきかん》在職《ざいしよく》するものとす、定期改選《ていきかいせん》及補闕選擧《ほけつせんきよ》とも前任者《ぜんにんしや》の選擧《せんきよ》せられたる選擧等級《とうきふ》に從《したが》て之が選擧を行《おこな》ふ可し

第十八條　町村長は選擧《せんきよ》を行《おこな》ふ毎《ごと》に其選擧前《ぜん》六十日を限《かぎ》り選擧原簿《げんぼ》を製《せい》し各選擧人の資格《しかく》を記《き》載《さい》し此原簿《げんぼ》に據《よ》りて選擧人名簿《せんきよにんめいぼ》を製《せい》す可《べし》選擧人名簿は七日間町村役場《やくば》に於て之を關係者《くわんけい》の縱覽《じうらん》に供《きよう》す可し若《も》し關係《くわんけい》者に於て訴願《そぐわん》せんとすることあるときは同期《どうき》限內《げんない》に之を町村長に申立つ可し町村長は町村會の裁決《さいけつ》（第三十七條第一項）に依《よ》り名簿《めいぼ》を修正《しうせい》す可きときは選擧《せんきよ》前十日を限《かぎ》りて之に修正《しうせい》を加《くわ》へて確定名簿《くわくていめいぼ》となし之に登錄《とうろく》せられざる者は何人たりとも選擧に關《くわん》することを得《ゑ》ず、本條に依《よ》り確定《くわくてい》したる名簿は當選《たうせん》を辭《じ》し若《も》しくは選擧の無效《むかう》となりさる場合《ばあひ》に於《おい》て更《さら》に選擧を爲《な》すときも亦之を適用《てきよう》す

第十九條　選擧を執行《しつかう》するときは町村長は選擧の場所日時《ばしよにちじ》を定《さだ》め及《およ》び選擧す可《べ》き議員《ぎゐん》の數《すう》を各《かく》級《きふ》に分《わか》ち選擧前七日を限《かぎ》りて之を公告《こうこく》す可《べ》し、各級《かくきふ》に於《おい》て選擧を行《おこな》ふの順序《じゆんじよ》は先《ま》づ二級の選擧《せんきよ》を行《おこな》ひ次《つぎ》に一級の選擧《せんきよ》を行ふ可し

第二十條　選擧掛《せんきよがゝり》は名譽職《めいよしよく》とし町村長に於《おい》て臨時《りんじ》に選擧人中《ちう》より二名若《も》しくは四名を選任《せんにん》し町村長若しくは其代理者《そのだいりしや》は其掛長《かゝりちやう》となり選擧會を開閉《かいへい》し其會場《くわいぢやう》の取締《とりしまり》に任ず

第二十一條　選擧開會中《かいくわいちう》は選擧人の外《ほか》何人《なにびと》たりとも選擧會場《くわいぢやう》に入《い》ることを得《え》ず選擧人《せんきよにん》は選擧會場に於《おい》て協議《けふぎ》又は勸誘《くわんいう》を爲《なす》ことを得ず

第二十二條　選擧は投票《とうへう》を以て之を行《おこな》ふ投票《とうへう》には被《ひ》選擧人の氏名《しめい》を記《しる》し封緘の上《うへ》選擧人自ら掛長に差出《さしだ》す可《べ》し但し選擧人の氏名《しめい》は投票《とうへう》に記入《きにふ》することを得ず、選擧人投票《とうへう》を差出《さしだ》すときは自己《じこ》の氏名《しめい》及び住所《ぢうしよ》を掛長に申立《まうした》て掛長《かゝりちやう》は選擧人名簿《めいぼ》に照《てら》して之を受《う》け封緘の儘投票函

ふ投入を可し但し投票函ハ投票を終る迄之を開くことを得ず

第二十三條　投票《とうへう》に記載《きさい》の人員《にんいん》其選擧《そのせんきよ》す可き定數《ていすう》ふ過《す》ぎ又《また》不足《ふそく》あるも其投票を無効《むかう》ともせず其定數《そのていすう》に過《す》ぐる者ハ末尾《まつび》に記載《きさい》したる人名《じんめい》を順次《じゆんじ》に棄却《ききやく》す可し

左《さ》の投票《とうへう》は之を無効《むかう》とす

一　人名を記載《きさい》せず又ハ記載せる人名の讀《よ》み難《がた》きもの

二　被選擧人《ひせんきよにん》の何人《なにびと》たるを確認《くわくにん》し難《がた》きもの

三　被選擧權《ひせんきよけん》なき人名《じんめい》を記載《きさい》するもの

四　被選擧人《ひせんきよにん》氏名《しめい》の外《ほか》他事《たじ》を記入《きにう》するもの

投票《とうへう》の受理《じゆり》並《ならび》に效力《かうりよく》に關《くわん》する事項は選擧掛《せんきよがゝり》假《かり》に之《これ》を議決《ぎけつ》す可否同數《かひどうすう》あるときは掛長《かゝりちやう》之《これ》を決《けつ》す

第二十四條　選擧《せんきよ》は選擧人自《よ》ら之《これ》を行ふ可し他人《たにん》に託《たく》して投票を差出《さしだ》すことを許さず、第十二條第二項ふ依《よ》り選擧權を有する者は代人を出《いだ》して選擧を行《おこな》ふことを得《う》若《も》し其獨立《そのどくりつ》の男子《だんし》に非《あら》ざる者又《また》ハ會社其他法人《くわいしやそのたほうじん》に係《かゝ》るときハ必《かなら》ず代人《だいにん》を以《もつ》てす可し其代人《そのだいにん》ハ内國人《ないこくじん》にして公權《こうけん》を有《いう》する獨立《どくりつ》の男子に限《かぎ》る但し一人にして數人《すにん》の代理《だいり》を爲《な》すことを得《え》ず且《かつ》代人ハ委任狀《ゐにんじやう》を選擧掛《せんきよがゝり》に示《しめ》して代理《だいり》の證《しやう》とす可し

第二十五條　町村の區域《くゐき》廣濶《くわうくわつ》なるとき又ハ人口稠密《じんこうちうみつ》なるときハ町村會の議決《ぎけつ》に依《よ》り區畫《くゝわく》を定《さだ》めて選擧分會《せんきよぶんくわい》を設《まう》くることを得《う》但《たゞ》特《とく》に二級《きふ》選擧人のみ此分會《このぶんくわい》を設《まう》くるも妨《さまた》げなし、分會《ぶんくわい》の選擧掛《がゝり》ハ町村長の選任《せんにん》したる代理者《だいりしや》を以《もつ》て其長とし第二十條の例《れい》に依《よ》り掛員《かゝりゐん》二名若《も》しくハ四名《めい》を選任《せんにん》す、選擧分會《ぶんくわい》に於て爲《な》したる投票《とうへう》は投票函《ばこ》の儘《まゝ》本會に集《あつ》めて之を合算《がふさん》し總數《そうすう》を以て當選《たうせん》を定《さだ》む、選擧分會《ぶんくわい》ハ本會と同日時ふ之を開《ひら》く可し其他《そのた》選擧の手續《てつゞき》會場《くわいぢやう》の取締《とりしまり》等《とう》總《すべ》て本會の例《れい》に依《よ》る

第二十六條　議員の選擧は有效投票の多數を得《う》る者を以て當選《たうせん》とす投票の數相同《かずあひおなじ》きものハ年長《ねんちやう》者《しや》を取《と》り同年なるときは掛長《かゝりちやう》自《みづか》ら抽籤《ちうせん》して其當選《たうせん》を定《さだ》む、同時《どうじ》に補闕員數名《ほけつゐんずめい》を選擧《せんきよ》するときは(第十七條)投票數《とうへうすう》の最《もつと》も多《おほ》き者を以て殘任《ざんにん》期の最も長《なが》き前任者《ぜんにんしや》の補闕《ほけつ》と爲《な》し其數相《そのかずあひ》同《おなじ》きときは抽籤《ちうせん》を以て其順序《じゆんじよ》を定《さだ》む

第二十七條　選擧掛《かゝり》は選擧錄《ろく》を製《せい》して選擧の顚末《てんまつ》を記錄《きろく》し選擧を終《をはり》たる後《のち》之を朗讀《らうどく》し選擧人名《めい》簿《ぼ》其他關係書類《くわんけいしよるゐ》を合綴《がふせつ》して之に署名《しよめい》す可し、投票は之を選擧錄に附屬《ふぞく》し選擧を結了《けつれう》するに至る迄《まで》之を保存《ほぞん》す可し

第二十八條　選擧を終《をは》りたる後選擧掛長《のちせんきよがゝりちやう》ハ直《たゞち》に當選者《たうせんしや》に其當選の旨《むね》を告知《とくち》す可し其當選《たうけん》を辭《じ》せんとする者《もの》は五日以內に之を町村長に申立《まをしたて》つ可し、一人にして兩級《りやうきふ》の選擧《せんきよ》に當《あた》りたるときハ同期限內《ごきげんない》何れの選擧に應《おう》ず可きことを申立《まをした》つ可し其期限內に之を申立《た》てざる者は總《すべ》て其選擧《そのせんきよ》を辭《じ》する者《もの》となし第八條の處分《しよぶん》を爲《な》す可し

第二十九條　選擧人《せんきよにん》選擧の效力《かうりよく》に關して訴願《そぐわん》せんとするときは選擧の日より七日以內に之を町村長に申立《まをした》つることを得《う》(第三十七條第一項)、町村長ハ選擧を終《をは》りたる後《のち》之を郡長《ぐんちやう》に報告《はうこく》し郡長に於《おい》て選擧の效力《かうりよく》に關し異議《いぎ》あるときは訴願《そぐわん》の有無に拘《かゝは》らず郡參事會に付《ふ》して處分《しよぶん》を行ふ事を得《う》選擧の定規《ていき》に違背《ゐはい》することあるときハ其選擧を取消《とりけ》し又被選擧人《ひせんきよにん》中其資格《しかく》の要件《えうけん》を有《いう》せざる者あるときも其人の當選を取消《とりけ》し更《さら》に選擧を行《おこな》はしむ可し

第三十條　當選者中其資格《かく》の要件《えうけん》を有せざる者あることを發見《はつけん》し又ハ就職後《しうしよくご》其要件《えうけん》を失《うしな》ふ者あるときは其人《そのひと》の當選は效力《かうりよく》を失《うしな》ふものとす其要件《えうけん》の有無《うむ》は町村會之を議決《ぎけつ》す

第三十一條　小町村に於てハ郡參事會《ぐんさんじくわい》の議決を經《へ》町村條例《でうれい》の規定《きてい》に依《よ》り町村會を設《まう》けず選擧權を有《いう》する町村公民《こうみん》の總會《そうくわい》を以て之に充《あ》つることを得《う》

第二款　職務權限《しよくむけんげん》及《およ》び處務規程《しよむきてい》

第三十二條　町村會ハ其町村を代表《だいへう》し此法律ニ準據《じゆんきよ》して町村一切《いつさい》の事件《じけん》並《ならび》に從前特《じうぜんとく》ニ委任《いにん》せられ又は將來《しやうらい》法律勅令に依《よつ》て委任《いにん》せらる、事件《じけん》を議決《ぎけつ》するものとす

第三十三條　町村會の議決《ぎけつ》す可き事件《じけん》の概目《がいもく》左の如し

一　町村條例及び規則《きそく》を設《まう》け並《ならび》に改正する事
二　町村費を以《もつ》て支辨《しべん》す可き事業但《ただし》第六十九條に掲《かゝ》ぐる事務《じむ》は此限に在らず
三　歳入出豫算《さいにうしゆつよさん》を定《さだ》め豫算外《よさんぐわい》の支出及《しゆつおよ》び豫算超過《よさんてうくわ》の支出《ししゆつ》を認定《にんてい》する事
四　決算報告《けつさんはうこく》を認定《にんてい》する事
五　法律勅令ニ定るものを除《のぞ》くの外《ほか》使用料《しようれう》・手數料《てすうれう》、町村税及び夫役《ぶ》現品《やくげんぴん》の賦課徴收《ふくわちやうしう》の法《はう》を定《さだ》むる事
六　町村有不動産《いうふどうさん》の賣買交換讓受讓渡《ばいばいかうくわんゆづりうけゆづりわたし》並《ならび》に質入書入《しちいれかきいれ》をなす事
七　基本財産《きほんざいさん》の處分《しよぶん》ニ關《くわん》する事
八　歳入出豫算《さいにふしゆつよさん》を以て定《さだむ》るものを除《のぞ》くの外新《ほかあらた》に義務《ぎむ》の負擔《ふたん》を爲《なし》及び權利《けんり》の棄却《きやく》を爲《な》す事
九　町村有の財産及《ざいさんおよ》び營造物の管理方法《くわんりはうはう》を定《さだ》むる事
十　町村吏員の身元保證金《みもとほしようきん》を徴《ちやう》し並《ならび》に其金額《きんがく》を定むる事
十一　町村に係《かゝ》る訴訟及《そしようおよ》び和解《わかい》に關《くわん》する事

第三十四條　町村會は法律勅令に依《よ》り其職權《しよくけん》に屬《ぞく》する町村吏員の選擧を行ふ可し

第三十五條　町村會ハ町村の事務ニ關する書類及《しよるいおよ》び計算書《けいさんしよ》を撿閲《けんえつ》し町村長の報告《はうこく》を請求《せいきう》して事務《じむ》の管理議決《くわんりぎけつ》の施行並《しかうならび》に收入支出《しうにふししゆつ》の正否《せいひ》を監査《かんさ》するの職權《しよくけん》を有す町村會ハ町村の公益《こうえき》に關する事件《じけん》に付意見書《いけんしよ》を監督官廳《かんとくくわんちやう》に差出《さしいだ》す事を得

第三十六條　町村會は官廳《くわんちやう》の諮問《しもん》あるときは意見《ゐけん》を陳述《ちんじゆつ》す可し

第三十七條　町村住民《ぢうみん》及び公民《こうみん》たる權利《けんり》の有無《うむ》、選擧權《せんきよけん》及被選擧權《ひせんきよけん》の有無《うむ》選擧人名簿《めいぼ》の正否並《せいひならび》ハ其等級《そのとうきふ》の當否《たうひ》代理《だいり》を以て執行《しつかう》する選擧權《せんきよけん》(第十二條第二項)及び町村會議員選擧《ぎゐんせんきよ》の効力《かうりよく》(第廿九條)に關《くわん》する訴願《そぐわん》ハ町村會之を裁決《さいけつ》し、前項の訴願中《そぐわんちう》町村住民及公民たる權利《けんり》の有無《うむ》並《ならび》に選擧權の有無に關《くわん》する者ハ町村會の設けなき町《まち》村に於《おい》てハ町村長之《これ》を裁決《さいけつ》し、町村會若《も》くハ町村長の裁決《さいけつ》に不服《ふふく》ある者《もの》は郡參事會《ぐんさんじくわい》に訴願《そぐわん》し其郡參事會《ぐんさんじくわい》の裁決《さいけつ》に不服《ふふく》ある者《もの》は府縣參事會に訴願《そぐわん》し其府縣參事會の裁決《さいけつ》に不服《ふふく》ある者《もの》は行政裁判所《ぎやうせいさいばんしよ》に出訴《しゆつそ》することを得《う》、本條《ほんでふ》の事件《じけん》に付《つい》ては町村長よりも亦訴願及《またそぐわんおよ》び訴訟《そしやう》を爲《な》すことを得本條《ほんでふ》の訴願《そぐわん》及び訴訟《そしやう》の爲に其執行《そのしつかう》を停止《ていし》することを得《え》ず但《たゞ》し判決確定《はんけつくわくてい》するに非《あら》ざれば更《さら》に選擧を爲《な》すことを得ず

第三十八條　凡《およ》そ議員《ぎゐん》たる者は選擧人の指示《しじ》、若《も》くは委囑《ゐそく》を受《う》く可からざるものとす

第三十九條　町村會は町村長を以《もつ》て其《その》議長とす若《も》し町村長故障《こしやう》あるときは其代理《そのだいり》たる町村助役《じよやく》を以《もつ》て之《これ》に充《あ》つ

第四十條　會議《くわいぎ》の事件《じけん》議長及《ぎちやうおよ》び其父母兄弟《そのふぼけいていし》若くは妻子《さいし》の一身上《しんじやう》に關《くわん》する事あるときハ議長に故《こ》障《しやう》あるものとして其代理者《そのだいりしや》之に代《かは》る可し、議長代理《だいり》者共《しやとも》に故障《こしやう》あるときは町村會は年長《ねんちやう》の議員《ぎゐん》を以《もつ》て議長と爲《な》し可し

第四十一條　町村長及《およ》び助役《じよやく》は會議《くわいぎ》に列席《れつせき》して議事《ぎじ》を辨明《べんめい》することを得

第四十二條　町村會ハ會議《くわいぎ》の必要《ひつえう》ある毎《ごと》に議長《ぎちやう》之を招集《せうしふ》す若《も》し議員《ぎゐん》四分《ぶん》の一以上《いじやう》の請求《せいきう》あるときは必《かなら》ず之《これ》を招集《せうしふ》すべし其招集並《そのせうしふならび》に會議の事件《じけん》を告知《こくち》するは急施《きふし》を要する場合《ばあひ》を除《のぞ》くの外《ほか》少《すく》くも開會《かいくわい》の三日前《ぜん》たる可し但《たゞ》し町村會の議決《ぎけつ》を以《もつ》て豫《あらかじ》め會議日を定《さだむ》るも妨《さまた》げなし

第四十三條　町村會は議員三分《ぶん》の二以上出席《しゆつせき》するに非《あら》ざれば議決《ぎけつ》することを得ず但し同《どう》一の議《ぎ》

事《じ》に付招集再回《せうしふさいくわい》に至《いた》るも議員猶《なほ》三分の二に滿《み》たざるときは此限に非らず

第四十四條　町村會の議決《ぎけつ》は可否《かひ》の多數《たすう》に依《よ》り之を定《さだ》む可否《かひ》同數あるときハ再議《さいぎ》々決《けつ》す可し若《も》し猶同數《なほどうすう》なるときハ議長の可否《かひ》する所に依《よ》る

第四十五條　議員ハ自己《じこ》及び其父母兄弟《そのふぼけいてい》若《も》くは妻子の一身上《しんじやう》に關する事件《じけん》に付《つい》ては町村會の議《ぎ》決《けつ》に加《くわ》はることを得《え》ず、議員の數此除名《すうこのぢよめい》の爲めに減少《げんせう》して會議を開《ひら》くの定數《ていすう》に滿《み》たざるときは郡參事會町村會に代《かはつ》て議決《ぎけつ》す

第四十六條　町村會に於《おい》て町村吏員《りゐん》の選擧を行ふときは其一名毎《めいごと》に匿名投票《とくめいとうへう》を以て之を爲《な》し有《いう》效投票《かうとうへう》の過半數《くわはんすう》を得《う》る者を以《もつ》て當選とす若《も》し過半數を得《う》る者なきときは最多數《さいたすう》を得《う》る者二名《めい》を取《と》り之に就《つい》て更《さら》に投票《とうへう》せしむ若《も》し最多數《さいたすう》を得る者三名《めい》以上同數《どうすう》なるときハ議長自《みづか》ら抽《ちう》籤《せん》して其二名《めい》を取《と》り更《さら》に投票せしむ此再投票《このさいとうへう》に於ても猶過半數《なほくわはんすう》を得《う》る者なきときハ抽籤《ちうせん》を以て當選を定《さだ》む其他《そのた》ハ第二十二條、第二十三條、第二十四條第一項を適用《てきやう》す、前項の選擧《せんきよ》には町村會の議決《ぎけつ》を以て指名推選《しめいすゐせん》の法《はふ》を用《もち》ふることを得《う》

第四十七條　町村會の會議《くわいぎ》は公開《こうかい》す但《たゞ》し議長の意見《いけん》を以て傍聽《ばうちやう》を禁《きん》ずることを得《う》

第四十八條　議長は各議員《かくぎゐん》に事務《じむ》を分課《ぶんくわ》し會議及《およ》び選擧《せんきよ》の事を總理《そうり》し開會閉會並《かいくわいへいくわいならび》に延會《えんくわい》を命《めい》じ議場《ぎぢやう》の秩序《ちつじよ》を保持《ほぢ》す若《も》し傍聽者《ばうちやうしや》の公然贊成《こうぜんさんせい》又は擯斥《ひんせき》を表《へう》し又は喧擾《けんぜう》を起《おこ》す者あるときは議長《ぎちやう》は之を議場外《ぎぢやうぐわい》に退出《たいしゆつ》せしむることを得

第四十九條　町村會は書記《しよき》をして議事錄《ぎじろく》を製《せい》して其《そ》の議決及《ぎけつおよ》び選擧《せんきよ》の顚末並《てんまつなら》びに出席議員《しゆつせきぎゐん》の氏《し》名《めい》を記錄《きろく》せしむ可し議事錄ハ會議《くわいぎ》の末之《すゑこれ》を朗讀《らうどく》し議長及《およ》び議員《ぎゐん》二名以上《めいいじやう》之に署名《しよめい》す可し、町村會の書記《しよき》ハ議長之《こ》れを選任《せんにん》す

第五十條　町村會は其會議細則《そのくわいぎさいそく》を設《まう》く可し其細則《そのさいそく》に違背《ゐはい》したる議員《ぎゐん》に科《くわ》す可き過怠金《くわたいきん》二圓以下《いか》

の罰則《ばつそく》を設《まう》くることを得

第五十一條　第三十二條より第四十九條ニ至《いた》るの規定《きてい》ハ之《これ》を町村總會《てうそんそうくわい》に適用《てきよう》す

第三章　町村行政《ぎやうせい》

第一欵　町村吏員《りゐん》の組織《そしき》選任《せんにん》

第五十二條　町村に町村長及《およ》び町村助役《じよやく》各《かく》一名《めい》を置《お》く可し但《たゞ》し町村條例《でうれい》を以《もつ》て助役《じよやく》の定員《ていゐん》を増《ぞう》加《か》ふることを得

第五十三條　町村長及助役《およびじよやく》は町村會に於《おい》て其《そ》の町村公民中年齡滿《こうみんちうねんれいまん》三十歳以上《さいいじやう》にして選擧權《せんきよけん》を有《いう》する者《もの》より之《これ》を選擧《せんきよ》す、町村長及《およ》び助役《じよやく》は第十五條第二項《かう》に掲載《けいさい》する職《しよく》を兼《か》ぬる事を得す父子兄弟《ふしけいてい》たるの縁故《えんこ》ある者《もの》は同時《どうじ》に町村長及《およ》び助役《じよやく》の職《しよく》に在《あ》ることを得す若《も》し其縁故《そのえんこ》ある者助役《ものじよやく》の選擧ニ當《あた》るときは其當選《たうせん》を取消《とりけ》し町村長の選擧に當《あた》りて認可《にんか》を得るときハ其縁故《そのえんこ》ある助役《じよやく》も其職《そのしよく》を退《しりぞ》く可《べ》し

第五十四條　町村長及び助役の任期《にんき》ハ四年とす、町村長及び助役《じよやく》の選擧《せんきよ》ハ第四十六條に依《よつ》て行ふ可し但《たゞ》し投票同數《とうへうどうすう》なるときは抽籤《ちうせん》の法《はふ》に依《よ》らず郡《ぐん》參事會之を決《けつ》す可し

第五十五條　町村長及び助役《じよやく》ハ名譽職《めいよしよく》とす但《たゞ》し第五十六條の有給町村長及び有給《いうきふ》助役ハ此限《このげん》に在《あ》らず町村長は職務取扱《しよくむとりあつか》ひの爲《ため》に要《えう》する實費辨償《じつぴべんしやう》の外勤務《ほかきんむ》に相當する報酬《ほうしう》を受《う》くることを得助役《じよやく》にして行政事務《ぎやうせいじむ》の一部を分掌《ぶんしやう》する場合（第七十條第二項）に於《おい》ても亦同《またおな》じ

第五十六條　町村の情況《じやうきやう》に依《よ》り町村條例の規定《きてい》を以て町村長に給料《きうれう》を給することを得又大なる町村に於《おい》ては町村條例《でうれい》の規定《きてい》を以て助役《じよやく》一名を有給吏員《いうきふりゐん》と爲すことを得、有給《いうきふ》町村長及び有給助役ハ其町村公民《こうみん》たる者に限《かぎ》らず但し當選《たうせん》に應《おう》じ認可《にんか》を得るときは其公民《こうみん》たるの權を得

第五十七條　有給町村長及び有給助役《いうきふじよやく》は三ヶ月前《げつぜん》ニ申立《まをした》つるときは臨時退職《りんじたいしよく》を求《もと》むることを得

此場合《ばあひ》に於ては退隱料《たいゐんれう》を受くるの權《けん》を失ふ者とす

第五十八條　有給町村長及ひ有給《いうきう》助役は他《た》の有給の職務《しよくむ》を兼任《けんにん》し又は株式會社《かぶしきくわいしや》の社長及び重役《ぢうやく》となることを得ず其他《そのた》の營業《えいげふ》は郡長《ぐんちやう》の認許《にんきよ》を得《う》るに非《あら》ざれば之を爲《な》すことを得《え》ず

第五十九條　町村長及《ちやうそんちやうおよ》び助役《ぢよやく》の選擧は府縣知事の認可《にんか》を受《う》く可し

第六十條　府縣知事前條の認可《にんか》を與《あた》へざるときは府縣參事會の意見《いけん》を聞《き》くことを要《えう》す若《も》し府縣參事會同意せざるも猶《なほ》府縣知事に於《おい》て認可《にんか》す可《べ》からずと爲《な》すときは自己《じこ》の責任《せきにん》を以《もつ》て之に認可《にんか》を與《あた》へざることを得《う》、府縣知事の不認可《ふにんか》に對《たい》し町村長又は町村會に於《おい》て不服《ふふく》あるときは内務大臣に具申《ぐしん》して認可《にんか》を請《こ》ふことを得《う》

第六十一條　町村長及び助役《ぢよやく》の選擧其認可《せんきよそのにんか》を得《え》ざるときは再選擧《さいせんきよ》を爲《な》す可《べ》し、再選擧にして猶《なほ》其認可を得《え》ざるときは追《おつ》て選擧を行《おこな》ひ認可《にんか》を得るに至るの間《あひだ》認可の權《けん》ある監督官廳《かんとくくわんちやう》は臨《りん》時《じ》に代理者《だいりしや》を選任し又は町村費《ちやうそんひ》を以て官吏を派遣《はけん》し町村長及び助役の職務《しよくむ》を管掌《くわんしやう》せしむ可《べし》

第六十二條　町村に收入役《しうにふやく》一名《めい》を置《お》く收入役《しうにふやく》は町村長の推薦《すゐせん》に依《よ》り町村會之れを選任《せんにん》す收入役は有給吏員《いうきふりゐん》と爲《な》し其任期《にんき》は四年とす收入役《しうにふやく》は町村長及び助役を兼《か》ぬることを得《え》す其他第五十六條第二項第五十七條及び第七十六條を適用《てきよう》す、收入役の選任《せんにん》は郡長《ぐんちやう》の認可《にんか》を受く可し若《も》し認可を與《あた》へざるときは郡參事會の意見《いけん》を聞くことを要《えう》し郡參事會之に同意《どうい》せざるも猶《なを》郡長に於《おい》て認可《にんか》す可からずと爲《な》すときは自己《じこ》の責任《せきにん》を以《もつ》て之れに認可を與《あた》へざることを得《う》其他《そのた》第六十一條を適用《てきよう》す郡長《ぐんちやう》の不認可《ふにんか》に對《たい》し町村長又は町村會に於《おい》て不服《ふふく》あるときは府縣知事に具申《ぐしん》して認可を請《こ》ふことを得《う》、收入支出《しうにふしゆつ》の寡少《くわせう》なる町村に於《おい》ては郡長の許可《きよか》を得《え》て町村長又《また》は助役《ぢよやく》をして收入役《しうにふやく》の事務を兼掌《けんしやう》せしむることを得《う》

第六十三條　町村に書記《しよき》其他《そのた》必要《ひつえう》の附屬員並《ふぞくゐんならび》に使丁《してい》を置《お》き相當の給料《きふれう》を給す其人員《じんゐん》は町村會の

議決《ぎけつ》を以て之を定《さだ》む但《たゞ》し町村長ハ相當《さうたう》の書記料《しよきれう》を給與《きうよ》して書記の事務《じむ》を委任《ゐにん》することを得

町村附屬員《ふぞくゐん》ハ町村長の推薦《すゐせん》に依《よ》り町村會之を選任《せんにん》し使丁《してい》は町村長之を任用す

第六十四條　町村の區域廣濶《くいきくわうくわつ》なるとき又ハ人口稠密《じんこうちうみつ》あるときハ處務便宜《しよむべんぎ》の爲め町村會の議決《ぎけつ》に依り之を數區《すうく》に分《わか》ち每區《まいく》區長及び其代理者《だいりしや》各一名を置くことを得《う》區長及び其代理者は名譽《めいよ》職《しよく》とす、區長《くちやう》及び其代理者は町村會に於《おい》て其町村の公民中選擧權《こうみんちうせんきよけん》を有する者より之を選擧し區會(第百十四條)を設《まう》くる區《く》に於ては其區會《そのくくわい》に於《おい》て之を選擧す

第六十五條　町村ハ町村會の議決《ぎけつ》に依《よ》り臨時《りんじ》又ハ常設《じやうせつ》の委員《ゐゝん》を置《お》くことを得《う》其《その》委員は名譽職《めいよしよく》とす、委員《ゐゝん》は町村會に於《おい》て町村會議員《ぎゐん》又は町村公民中選擧權《こうみんちうせんきよけん》を有《いう》する者《もの》より選擧し町村長又ハ其委任《そのゐにん》を受けたる助役を以《もつ》て委員長《ゐゝんちやう》とし、常設委員《じやうせつゐゝん》の組織《そしき》に關《くわん》しては町村條例を以て別《べつ》段《だん》の規定《きてい》を設《まう》くることを得

第六十六條　區長及《およ》び委員《ゐゝん》には職務取扱《しよくむとりあつか》ひの爲めに要《えう》する實費辨償《じつぴべんしやう》の外《ほか》町村會の議決《ぎけつ》に依《よ》り勤《きん》務《む》に相當《さうたう》する報酬《はうしう》を給《きう》することを得

第六十七條　町村吏員《りゐん》は任期滿限《にんきまんげん》の後再選《のちさいせん》せらるゝことを得、町村吏員及《およ》び使丁《してい》は別段《べつだん》の規定《きてい》又は規約《きやく》あるものを除《のぞ》くの外隨時解職《ほかずゐじかいしよく》することを得

第二款　町村吏員《りゐん》の職務權限《しよくむけんげん》

第六十八條　町村長ハ其町村を統轄《とうかつ》し其行政事務《そのぎやうせいじむ》を擔任《たんにん》す、町村長の擔任《たんにん》する事務《じむ》の概目左《がいもくさ》の如《ごと》し

一　町村會の議事《ぎじ》を準備《じゆんび》し及《およ》び其議決《ぎけつ》を執行《しつかう》する事若《も》し町村會の議決其權限《ぎけつそのけんげん》を越《こ》ゆ法律命令《めいれい》に背《そむ》き又は公衆《こうしう》の利益《りえき》を害《がい》すと認《みと》むるときハ町村長ハ自己《じこ》の意見《ゐけん》に依《よ》り又ハ監《かん》督官廳《とくくわんちやう》の指揮《しき》に依《よ》り理由《りゆう》を示《しめ》して議決《ぎけつ》の執行《しつかう》を停止《ていし》し之れを再議《さいぎ》せしめ猶其議決《なほそのぎけつ》

を更《あらた》めさるときハ郡參事會の裁決《さいけつ》を請《こ》ふ可し其權限《そのけんげん》を越《こ》え又ハ法律勅令《ちよくれい》に背《そむ》くに依て議決《ぎけつ》の執行《しつかう》を停止《ていし》したる場合《ばあひ》に於《おい》て府縣參事會の裁決《さいけつ》に不服《ふふく》ある者ハ行政裁判所《ぎやうせいさいはんしよ》に出訴《しゆつそ》するヿを得

二 町村の設置《せつち》に係《かゝ》る營造物《えいざうぶつ》を管理《くわんり》する事若《も》し特《とく》に之か管理者《くわんりしや》あるときハ其事務《そのじむ》を監督《かんとく》する事

三 町村の歳入《さいにふ》を管理《くわんり》し歳入出豫算表《さいにふしゆつよさんへう》其他《そのた》町村會の議決《ぎけつ》に依《よ》て定《さだ》まりたる收入支出《しうにふしゆつ》を命《めい》令《れい》し會計《くわいけい》及《およ》び出納《すゐたふ》を監視《かんし》する事

四 町村の權利《けんり》を保護《ほご》し町村有の財産《ざいさん》を管理《くわんり》する事

五 町村吏員及《およ》び使丁《してい》を監督《かんとく》し懲戒處分《ちやうかいしよぶん》を行《おこな》ふ事其懲戒處分《そのちやうかいしよぶん》は譴責及《けんせきおよ》び五圓以下の過怠《くわたい》金《きん》とす

六 町村の諸證書及《しよしようしよおよ》び公文書類《こうぶんしよるゐ》を保管《ほくわん》する事

七 外部《ぐわいぶ》に對《たい》して町村を代表《だいへう》し町村の名義《めいぎ》を以て其訴訟《そのそしやう》和解《わかい》に關《くわん》し又ハ他廳若《たちやうもし》くハ人民と商議《しやうぎ》する事

八 法律勅令《ほうりつちよくれい》に依《よ》り又は町村會の議決《ぎけつ》に從《したがつ》て使用料《しようれう》、手數料《てすうれう》、町村税《ちやうそんぜい》及び夫役現品《ふやくげんぴん》を賦課《ふくわ》徴收する事

九 其他《そのた》法律命令《はふりつめいれい》又ハ上司《じやうし》の指令《しれい》に依《よつ》て町村長に委任《ゐにん》したる事務《じむ》を處理《しより》する事

第六十九條 町村長は法律命令に從《したが》ひ左《さ》の事務《じむ》を管掌《くわんしやう》す

一 司法警察補助官《しはふけいさつほじよくわん》たるの職務及《しよくむおよ》び法律命令に依《よつ》て其管理《くわんり》に屬《ぞく》する地方警察《ちはうけいさつ》の事務《じむ》但《たゞ》し別《べつ》に官署《くわんしよ》を設《まう》けて地方警察事務《ちはうけいさつじむ》を管掌《くわんしやう》せしむるときは此限《このかぎり》に在《あ》らず

二 浦役場《うらやくば》の事務《じむ》

三　國《こく》の行政並《ぎやうせいならび》ニ府縣郡の行政《ぎやうせい》にして町村に屬《ぞく》する事務《じむ》但《たゞ》し別《べつ》に吏員《りゐん》の設《まう》けあるとき
は此限《このげん》に在《あ》らす
右《みぎ》三項中《かうちう》の事務《じむ》ハ監督官廳《かんとくくわんちやう》の許可《きよか》を得《え》て之れを助役《じよやく》に分掌《ぶんしやう》せしむることを得《う》」本條ニ掲載《けいさい》
する事務《じむ》を執行《しつかう》するか爲めに要《えう》する費用《ひよう》ハ町村の負擔《ふたん》とす
第七十條　町村助役は町村長の事務《じむ》を補助《ほじよ》す」町村長は町村會の同意《どうい》を得《え》て助役をして町村行《ぎやう》
政事務《せいじむ》の一部《ぶ》を分掌《ぶんしやう》せしむることを得《う》」助役ハ町村長故障《こしやう》あるとき之を代理《だいり》す助役數名《じよやくすめい》あ
るときハ上席者之《じやうせきしやこれ》を代理す可し
第七十一條　町村收入役《しうにふやく》ハ町村の收入を受領《じゆれう》し其費用《ひよう》の支拂《しはらひ》を爲す其他會計事務を掌る
第七十二條　書記ハ町村長に屬《ぞく》し庶務《しよむ》を分掌《ぶんしやう》す
第七十三條　區長及其代理者《だいりしや》ハ町村長の機關《きくわん》となり其指揮命令《しきめいれい》を受けて區内に關《くわん》する町村長の
事務《じむ》を補助執行《ほじよしつかう》するものとす
第七十四條　委員《いゐん》（第六十五條）ハ町村行政事務《ぎやうせいじむ》の一部を分掌《ぶんしやう》し又は營造《えいざう》物を管理《くわんり》し若くハ監督《かんとく》
し又は一時の委託《いたく》を以て事務を處辨《しよべん》するものとす
委員《いゐん》長ハ委員の議決《ぎけつ》ニ加《くわ》ハるの權を有す助役《じよやく》を以て委員長と爲す場合に於ても町村長は隨《ずゐ》
時《じ》委員會ニ出席《しゆつせき》して其委員長と爲り並其議決《ぎけつ》に加《くわ》はるゝの權を有す
常設委員《じやうせついゐん》の職務權限《しよくむけんげん》に關しては町村條例《でうれい》を以て別段の規定《きてい》を設くることを得

◎第三款　給料及給與《きうれうきうよ》

第七十五條　名譽職員《めいよしよくゐん》は此法律《このはふりつ》中別に規定《きてい》あるものを除《のぞ》くの外職務《しよくむ》取扱の爲めに要する實費《じつぴ》の
辨償《べんしやう》を受くることを得
實費辨償額《じつぴべんしやうがく》、報酬額及書記料の額《がく》（第六十三條第一項）ハ町村會之を議決《ぎけつ》す

第七十六條　有給町村長有給助役其他有給吏員《りゐん》及使丁《してい》の給料額ハ町村會の議決を以て之を定む

町村會の議決《ぎけつ》を以て町村長及助役《じよやく》の給料額《きふれうがく》を定《さだ》むるときハ郡長《ぐんちやう》の許可《きよか》を受くることを要《えう》す

郡長に於《おい》て之を許可《きよか》を可からすと認《みと》むるときは郡參事會《ぐんさんじくわい》の議決《ぎけつ》に付して之を確定《くわくてい》す

第七十七條　町村條例《でうれい》の規定《きてい》を以て有給吏員《ゆうきふりゐん》の退隱料《たいいんれう》を設《まう》くることを得

第七十八條　有給吏員の給料《きふれう》、退隱料其他《たいいんれうそのた》第七十五條に定《さだ》むる給與《きふよ》に關して異議《いぎ》あるときハ關係者の申立《まをしたて》に由り郡《ぐん》參事會之を裁決《さいけつ》す其郡參事會の裁決《さいけつ》に不服《ふふく》ある者ハ府縣參事會《さんじくわい》に訴願《そぐわん》し其府縣參事會の裁決《さいけつ》に不服《ふふく》ある者は行政裁判所《ぎやうせいさいばんしよ》に出訴《しゆつそ》することを得

第七十九條　退隱料《たいいんれう》を受くる者官職《くわんしよく》又は府縣郡《ぐん》市町村及公共組合《こうきやうくみあひ》の職務《しよくむ》に就《つ》き給料を受くるときは其間之を停止《ていし》し又ハ更《さら》に退隱料《たいいんれう》を受くるの權《けん》を得るとき其額舊《そのがくきう》退隱料と同額《どうがく》以上なるときハ舊退隱料《きうたいいんれう》ハ之を廢止《はいし》す

第八十條　給料《きふれう》退隱料報酬《はうしう》及辨償等《べんしやうとう》ハ總《すべ》て町村の負擔《ふたん》とす

第四章　町村有財産《いうざいさん》の管理《くわんり》

第一款　町村有財産及町村税《ちやうそんぜい》

第八十一條　町村は其不動産《ふどうさん》、積立金穀等《つみたてきんこくとう》を以て基本財産《きほんざいさん》と爲し之を維持《いぢ》するの義務あり

臨時《りんじ》に收入《しうにう》したる金穀《きんこく》ハ基本《きほん》財産に加入《かにう》すべし但寄附金等《きふきんとう》寄附者其使用《しよう》の目的《もくてき》を定むるものは此限に在らす

第八十二條　凡《およそ》町村有財産《ざいさん》ハ全《ぜん》町村の爲めに之を管理《くわんり》し及共用するものとす但《たゞし》特に民法上の權《け》利《り》を有する者あるときは此限《このかぎり》に在らす

第八十三條　舊來《きうらい》の慣行《くわんかう》に依り町村住民《ぢうみん》中特《とく》に其町村有の土地物件《とちぶつけん》を使用《しよう》する權利《けんり》を有《いう》する者あるときハ町村會《ちやうそんくわい》の議決を經《へ》るに非《あら》されハ其舊慣《きうくわん》を改《あらた》むることを得《え》す

第八十四條　町村住民中特《ちやうそんぢうみんちうとく》に其町村有の土地物件《とちぶつけん》を使用する權利《けんり》を得《え》んとする者あるときは町村《そん》條例の規定《きてい》ふ依《よ》り使用料若《しようれうもし》くは一時の加入金《かにふきん》を徴收《ちやうしう》し又ハ使用料加入金を共《とも》に徴收して之《これ》を許可《きよか》そることを得但特《ただしとく》に民法上使用《みんぱふじやうしよう》の權利を有《いう》する者は此限《このげん》ふ在《あ》らす

第八十五條　使用權《しようけん》を有《いう》そる者（第八十三條第八十四條）は使用《しよう》の多寡《たくわ》に準《じゆん》した其土地物件《とちぶつけん》ふ係《かゝ》る必要《ひつえう》なる費用《ひよう》を分擔《ぶんたん》すべきものとす

第八十六條　町村會《ちやうそんくわい》ハ町村の爲めに必要《ひつえう》なる場合《ばあひ》に於《おい》ては使用權《しようけん》（第八十三條第八十四條）を取《とり》上《あ》け又ハ制限《せいげん》することを得但特《ただしとく》に民法上使用《しよう》の權利を有《いう》する者は此限《このげん》ふ在《あ》らす

第八十七條　町村有財產《ちやうそんいうざいさん》の賣却貸與《ばいきやくたいよ》又は建築工事《けんちくこうぢ》及び物品調達《ぶつぴんてうだつ》の請負《うけおひ》は公《おほや》けの入札《にふさつ》に付そべし但臨時急施《りんじきうし》を要《えう》するとき及入札《およびにふさつ》の價額《かかく》其費用《そのひよう》に比《ひ》して得失相償《とくしつあひつくな》はさるとき又は町村會の認《にん》許《きよ》を得《う》るときハ此限《このげん》に在《あ》らす

第八十八條　町村《ちやうそん》ハ其必要《ひつえう》なる支出《しゝゆつ》及從前《じうぜん》法律命令に依《よう》て賦課《ふくわ》せられ又ハ將來《しやうらい》法律勅令ふ依《よう》て賦課《ふくわ》せらる、支出《しゝゆつ》を負擔《ふたん》するの義務《ぎむ》あり」町村ハ其財產《ざいさん》より生《せう》する收入及使用料《しようれう》、手數料《てすうれう》（第八十九條）並《ならび》に科料過怠金《くわれうくわたいきん》其他法律勅令に依《よ》り町村に屬《ぞく》する收入《しうにふ》を以て前項の支出《しゝゆつ》ふ充《あ》て猶不足《なほふそく》あるときハ町村稅《ちやうそんぜい》（第九十條）及夫役現品《ふやくげんぴん》（第百一條）を賦課徵收《ふくわちやうしう》することを得《う》

第八十九條　町村は其所有物《そのしよいうぶつ》及營造物《えいざうぶつ》の使用に付又ハ特《とく》に數個人《すうこじん》の爲めにする事業《じげふ》に付使用料《しようれう》又ハ手數料《てすうれう》を徵收《ちやうしう》することを得《う》

第九十條　町村稅《ちやうそんぜい》として賦課《ふくわ》することを得可《うべ》き目《もく》左《さ》の如《ごと》し

一　國稅府縣稅《こくぜいふけんぜい》の附加稅《ふかぜい》

二　直接《ちよくせつ》又ハ間接の特別稅《とくべつぜい》

附加稅《ふかぜい》は直接《ちよくせつ》の國稅《こくぜい》又は府縣稅《ぜい》に附加《ふか》し均《きん》一の稅率《ぜいりつ》を以て町村の全部《ぜんぶ》より徵收《てうしう》するを常例《じやうれい》

とす特別税《とくべつぜい》は附加税《ふかぜい》の外別《べつ》に町村限り税目《ぜいもく》を起《おこ》して課税《くわぜい》することを要《えう》するとき賦課徴收《ふくわちやうしう》するものとす

第九十一條　此《この》法律に規定《きてい》せる條項《でうこう》を除《のぞ》くの外《ほか》使用料《しようれう》、手數料《てすうれう》（第八十九條）特別税《とくべつぜい》（第九十條第一項第二）及從前《じうぜん》の町村費《てうそんひ》に關する細則《さいそく》ハ町村條例を以《もつ》て之を規定《きてい》す可し其條例《そのでうれい》には科料《くわれう》一圓九十五錢以下《いか》の罰則《ばつそく》を設《もう》くることを得

科料《くわれう》に處《しよ》し及之《およびこれ》を徵收《てうしう》するハ町村長之を掌《つかさど》る其處分《しよぶん》に不服《ふふく》ある者ハ令狀交付後《れいちやうかうふご》十四日以内《いない》に司法裁判所《しはうさいばんしよ》に出訴《しゆつそ》することを得

第九十二條　三ヶ月以上町村内《ちやうそんない》に滯在《たいざい》する者は其町村税《ぜい》を納《をさ》むるものとす但其課税《くわぜい》は滯在《たいざい》の初に遡《さかのぼ》り徵收《ちやうしう》すへし

第九十三條　町村内に住居《ぢうきよ》を搆《かま》へす又は三ヶ月以上滯在《たいざい》することなしと雖《いへど》も町村内に土地家屋《かおく》を所有し又ハ營業《えいぎやう》をなす者（店舗《てんぽ》を定《さだ》めさる行商《かうしやう》を除《のぞ》く）は其土地家屋營業若《かおくえいぎやうもし》くは其所得に對《たい》して賦課《ふくわ》する町村税《ぜい》を納《をさ》むるものとす其法人《そのほふじん》たるときも亦同《またおな》し但郵便電信《いうびんでんしん》及官設鐵道《せつてつだう》の業《ぎやう》は此限《このかぎり》に在らす

第九十四條　所得税《しよとくぜい》に附加税《ふかぜい》を賦課《ふくわ》し及町村に於て特別《とくべつ》に所得税《しよとくぜい》を賦課せんとするときハ納税《なふぜい》者の町村外に於《お》ける所有の土地《とち》家屋又は營業《えいぎやう》（店舗《てんぽ》を定めさる行商《かうしやう》を除《のぞ》く）より收入《しうにふ》する所得は之を控除《こうぢよ》すへきものとす

第九十五條　數市《すうし》町村に住居を搆《かま》へ又ハ滯在《たいざい》せる者に前條の町村税《ぜい》を賦課《ふくわ》するときハ其所得を各市《かくし》町村に平分《へいぶん》し其一部分にのみ課税《くわぜい》すへし但土地《とち》家屋又は營業《えいげふ》より收入する所得ハ此限《かぎり》に在《あ》らす

第九十六條　所得税《しよとくぜい》法第三條に掲《かゝ》くる所得は町村税《ぜい》を免除《めんぢよ》す

第九十七條　左《さ》に掲《かゝ》ぐる物件《ぶつけん》は町村税を免除《めんぢよ》す

一　政府《せいふ》、府縣郡《ふけんぐん》市町村及公共組合《きやうくみあひ》に屬《ぞく》し直接《ちよくせつ》の公用に供する土地、營造物及家屋

二　社寺《しやじ》及官立《くわんりつ》公立の學校病院《がくかうびやうゐん》其他學藝《がくげい》、美術《びじゆつ》及慈善《じぜん》の用に供する土地、營造《えいざう》物及家屋

三　官有の山林《さんりん》又は荒蕪地《くわうぶち》但官有山林又は荒蕪地《くわうぶち》の利益《りえき》に係《かゝ》る事業を起《おこ》し内務大臣及大藏大臣の許可《きよか》を得て其費用《ひよう》を徴收《ちようしう》するは此限に在らす

新開地《しんかいち》及開墾地《かいこんち》は町村條例《でうれい》に依《よ》り年月を限《かぎ》り免税《めんぜい》することを得

第九十八條　前《ぜん》二條の外町村税《せい》を免除《めんぢよ》す可きものは別段《べつだん》の法律勅令に定むる所に從《したが》ふ皇族《くわうぞく》に係る町村税の課賦《くわふ》は追《おつ》て法律勅令《はふりつちよくれい》を以て定むる迄現今《げんこん》の例に依る

第九十九條　數個人《すうこじん》に於て專《もつぱ》ら使用《しよう》する所の營造物《えいざう》あるときは其修築《しうちく》及保存の費用《ひよう》は之を其關係者に賦課《ふくわ》す可し

町村内の一部に於て專《もつぱ》ら使用《しよう》する營造物《えいざう》あるときは其部内に住居《ぢうきよ》し若くは滯在《たいざい》し又は土地家屋を所有し營業（店舗《てんぽ》を定めさる行商《かうしやう》を除《のぞ》く）を爲す者に於て其修築《しうちく》及保存の費用《ひよう》を負擔《ふたん》す可し但其一部の所有財産《しよゆうざいさん》あるときは其收入を以て先つ其費用《ひよう》に充《あ》つ可し

第百條　町村税は納税義務の起《おこ》りたる翌月《よくげつ》の初《はじめ》より免税理由《めんぜいりゆう》の生《せう》したる月の終迄《をはりまでつきわり》月割を以て之を徴收《てうしう》す可し

會計年度《くわいけいねんど》中に於て納税義務《なふぜいぎむ》消滅《せうめつ》し又は變更《へんかう》するときは納税者《なふぜいしや》より之を町村長に届出《とゞけいで》つ可し其届出《そのとゞけいで》を爲《な》したる月の終迄《をはりまで》は從前《じうぜん》の税を徴收《てうしう》することを得《う》

第百一條　町村公共の事業を起し又は公共の安寧《あんねい》を維持《いぢ》するか爲めに夫役《ぶやく》及現品《げんぴん》を以て納税者《なふぜいしや》に賦課《ふくわ》することを得《う》但學藝美術《がくげいびじゆつ》及手工《しゆこう》に關《くわん》する勞役《らうえき》を課《くわ》することを得す

夫役《ぶやく》及現品《げんぴん》は急迫《きふはく》の場合《ばあひ》を除《のぞ》くの外直接《ちよくせつ》町村税を準率《じゆんりつ》と爲し且《かつ》之を金額《きんがく》に算出《さんしゆつ》して賦課《ふくわ》す

可し
夫役《ぶやく》を課《くわ》せられさる者ハ其便宜《べんぎ》に從《したが》ひ本人自《みづか》ら之に當《あた》り又ハ適當《てきたう》の代人を出《いだ》すことを得《う》又急迫《きふはく》の場合《ばあひ》を除《のぞ》くの外《はか》金圓を以て之ふ代《か》ふることを得《え》

第百二條　町村ゟ於《おい》て徴收《てうしう》する使用料《しようれう》、手數料《てすうれう》(第八十九條)町村税(第九十條)夫役《ぶやく》に代《か》ふる金《きん》圓《ゑん》(第百一條)共有物使用料《きやういうぶつしようれう》及加入金《かにうきん》(第八十四條)其他《そのた》町村の收入《しうにう》を定期内《ていきない》に納《おさ》めさるときも町村長は之を督促《とくそく》し猶《なほ》之を完納《くわんなふ》せさるときは國税滯納處分法《たいなふしよぶんはふ》ふ依《よ》り之を徴收《てうしう》す可し其督《とく》促《そく》を爲《な》すにハ町村條例の規定《きてい》に依《よ》り手數料《てすうれう》を徴收《てうしう》することを得《う》
納税者中《なふぜいしやちう》無資力《むしりよく》なる者あるときハ町村長の意見《いけん》を以て會計年度内《くわいけいねんどない》ふ限り納税延期《なふぜいえんき》を許《ゆる》すことを得《う》其年度を越《こ》ゆる場合《ばあひ》に於《おい》てハ町村會の議決《ぎけつ》に依《よ》る
本條《ほんでう》に記載《きさい》する徴收金《てうしうきん》の追徴《ついてう》、期滿得免《きまんとくめん》及先取特權《せんしゆとくけん》に付てハ國税に關《くわん》する規則を適用《てきよう》す

第百三條　地租《ちそ》の附加税《ふかぜい》は地租《ちそ》の納税者ゟ賦課《ふくわ》し其他土地《とち》ふ對《たい》して賦課《ふくわ》する町村税は其所有者《そのしよいうしや》又ハ使用者《しようしや》ふ賦課《ふくわ》することを得《う》

第百四條　町村税の賦課《ふくわ》に對《たい》する訴願《そぐわん》ハ賦課令狀《ふくわれいじやう》の交付後《かうふご》三ヶ月以内《いない》に之を町村長ふ申立《た》つ可《べ》し此期限《このきげん》を經過《けいくわ》するときは其年度内《そのねんどない》減税免税《げんぜいめんぜい》及償還《せうくわん》を請求《せいきう》するの權利を失《うしな》ふものとす

第百五條　町村税の賦課《ふくわ》及町村の營造物町村有《えいぞうぶつそんいう》の財産並《ならび》其所得《しよとく》を使用する權利《けんり》に關する訴願《そぐわん》は町村長之を裁決《さいけつ》す但民法上《たゞしみんはふじやう》の權利に係《かゝ》るものハ此限に在《あ》らず
前項《ぜんこう》の裁決《さいけつ》に不服《ふふく》ある者は郡參事會《ぐんさんじくわい》に訴願《そぐわん》し其郡《ぐん》參事會の裁決《さいけつ》に不服《ふふく》あるものは府縣參事會に訴願《そぐわん》し其府縣參事會の裁決に不服ある者は行政《ぎやうせい》裁判所に出訴《しゆつそ》することを得
本條の訴願及訴訟《そぐわんおよびそしよう》の爲《た》めに其處分《しよぶん》の執行《しつかう》を停止《ていし》することを得ず

第百六條　町村に於て公債《こうさい》を募集《ぼしよ》するは從前《じうぜん》の公債元額《こうさいげんかく》を償還《しやうくわん》する爲め又ハ天災時《てんさいじ》變《へん》等《とう》已《や》む

を得さる支出《しゆつ》若《もし》くは町村永久《えいきう》の利益《りえき》となる可き支出《しゆつ》を要《えう》さるに方《あた》り通常《つうじやう》の歳入《さいにふ》を増加《ぞうか》するときハ其《その》町村住民の負擔《ふたん》に堪《た》へさるの場合《ばあひ》に限《かぎ》るものとす

町村會に於て公債募集《こうさいぼしよ》の事を議決《ぎけつ》するときハ併《あは》せて其募集《そのぼしよ》の方法利息《はうくりそく》の定率《ていりつ》及償還《しやうくわん》の方法を定《さだ》む可し償還《しやうくわん》の初期《しよき》ハ三年以内《いない》と爲し年々償還《しやうくわん》の歩合《ぶあい》を定め募集《ぼしよ》の時より三十年以《い》内《ない》に還了《くわんりやう》せ可し

定額豫算《ていかくよさん》內《ない》の支出《しゆつ》を爲《な》すか爲め必要《ひつえう》なる一時の借入金《かりいれきん》ハ本條の例《れい》に依《よ》らす其年度《ねんど》內《ない》の收入《しうにふ》を以て償還《しやうくわん》す可きものとす

第二欵　町村の歳入出豫算及決算《さいにふしゆつよさんおよびけつさん》

第百七條　町村長は每會計年度收入支出《まいくわいけいねんどしうにふしゆつ》の豫知《よち》し得可き金額《きんかく》を見積《みつも》り年度《ねんど》前《ぜん》二ケ月を限《かぎ》り歳入《さいにふ》出豫算表《しゆつよさんへう》を調製《ちやうせい》す可し但《たゞし》町村の會計年度《くわいけいねんど》ハ政府の會計年度《ねんど》に同《おな》し

內務大臣《ないむだいじん》ハ省令《せうれい》を以て豫算表調製《よさんへうてうせい》の式《しき》を定《さだ》むることを得

第百八條　豫算表《よさんへう》ハ會計年度前《くわいけいねんどぜん》町村會の議決《ぎけつ》を取《と》り之を郡長《ぐんちやう》に報告《はうこく》し幷《ならびに》地方慣行《くわんかう》の方式《はうしき》を以て其要領《えうれう》を公告《こうこく》す可し

豫算表《よさんへう》を町村會ニ提出《ていしゆつ》するときは町村長は併《あは》せて其町村事務《じむ》報告書《はうこくしよ》及財產明細表《ざいさんめいさいへう》を提出《ていしゆつ》す可し

第百九條　定額豫算外《ていかくよさんぐわい》の費用《ひよう》又ハ豫算《よさん》の不足《ふそく》あるときハ町村會の認定《にんてい》を得て之を支出《しゆつ》することを得

定額豫算中臨時《ていかくよさんちうりんし》の場合《ばあひ》に支出《しゆつ》せるか爲《た》めに豫備費《よびひ》を置《お》き町村長ハ豫《あらかじ》め町村會の認定《にんてい》を受《う》けすして豫算外《よさんぐわい》の費用《ひよう》又は豫算超過《よさんてうくわ》の費用《ひよう》に充《あ》つることを得《え》但《たゞし》町村會の否決《ひけつ》したる費途《ひと》に充《あ》つることを得す

第百十條　町村會ニ於て豫算表《よさんへう》を議決《ぎけつ》したるときは町村長より其謄寫《そのとうしや》を以て之《これ》を收入役《しうにふやく》に交付《かうふ》す可し其豫算表中監督官廳《そのよさんへうちうかんとくくわんちやう》若《もし》くは參事會《さんじくわい》の許可《きよか》を受《う》く可き事項《じこう》あるときは（第百二十五條より第百二十七條に至る）先《ま》つ其許可《そのきよか》を受《う》く可し

收入役《しうにふやく》ハ町村長（第六十八條第二項第三）又は監督官廳《かんとくくわんちやう》の命令《めいれい》あるに非《あら》ざれハ支拂《しはらひ》を爲《な》すことを得ず又收入役《しうにふやく》ハ町村長の命令《めいれい》を受《う》るも其支出豫算表《ししゆつよさんへう》中に豫定《よてい》なきか又は其命令《めいれい》第百九條の規定《きてい》に依《よ》らさるときハ支拂《しはらひ》を爲《な》すことを得ず

前項《ぜんこう》の規定《きてい》に背《そむ》きたる支拂《しはらひ》は總《すべ》て收入役の責任《せきにん》に歸《き》す

第百十一條　町村の出納《しゆつなふ》ハ毎月例日《まいげつれいじつ》を定めて撿査《けんさ》し及毎年《まいねん》少くも一回臨時撿査《くわいりんじけんさ》を爲す可し例月《れいげつ》撿査ハ町村長又ハ其代理者《だいりしや》之を爲し臨時撿査《りんじけんさ》は町村長又は其代理者の外《ほか》町村會の互選《ごせん》したる議員《ぎゐん》一名以上の立會《たちあひ》を要《えう》す

第百十二條　決算《けつさん》ハ會計年度《くわいけいねんど》の終《おわり》より三ヶ月以内《いない》に之を結了《けつれう》し證書類《しやうしよるゐ》を併《あは》せて收入役より之を町村長に提出《ていしゆつ》し町村長ハ之を審査《しんさ》し意見《いけん》を附《ふ》して之を町村會の認定《にんてい》ニ付す可し第六十二條第六項《こう》の場合《ばあひ》に於てハ前例《ぜんれい》に依《よ》り町村長より直《たゞち》に之を町村會ニ提出《ていしゆつ》す可し其町村會の認定《にんてい》を經たるときハ町村長ハ之を郡長《ぐんちやう》に報告《ほうこく》す可し

第百十三條　決算報告《けつさんほうこく》を爲《な》すときて第四十條の例《れい》ニ準《じゆん》して議長《ぎちやう》代理者共に故障《こしやう》あるものとす

第五章　町村内各部《ないかくぶ》の行政《ぎやうせい》

第百十四條　町村内《ない》の區（第六十四條）又は町村内の一部《いちぶ》若《もし》くハ合併《かつぺい》町村（第四條）ニして別に其區域《くゐき》を存《そん》して一區を爲す者特別《とくべつ》に財產《ざいさん》を所有《しよゆう》し若《もし》くは營造《えいざう》物を設《まう》け其一區限《かぎ》り特に其費用《ひよう》（第九十九條）を負擔《ふたん》するときは郡參《さん》事會ハ其町村會の意見《いけん》を聞き條例《でうれい》を發行《はつかう》し財產及營造物に關《くわん》する事務の爲め區《く》會又ハ區總會《くそうくわい》を設《まう》くることを得其會議《くわいぎ》ハ町村會の例《れい》を適用《てきよう》すること

とを得

第百十五條　前條《ぜんでう》に記載《きさい》する事務ハ町村の行政《ぎやうせい》に關《くわん》する規則《きそく》ニ依り町村長之を管理《くわんり》す可し但區の出納《すいのふ》及會計の事務《じむ》ハ之を分別《ふんべつ》す可し

第六章　町村組合《くみあひ》

第百十六條　數町村《てうそん》の事務を共同處分《きやうどうしよぶん》する爲め其協議《けうぎ》に依り監督官廳《かんとくくわんてう》の許可《きよか》を得て其町村の組《くみ》合《あひ》を設《まう》くるとを得

法律《はふりつ》上の義務《ぎむ》を負擔《ふたん》するニ堪《た》ニ可き資力《しりよく》を有《ゆう》せさる町村にして地《た》の町村と合併《がつぺい》(第四條)するの協議整《けうぎとゝの》はす又ハ其事情《じじやう》に依《よ》り合併《がつぺい》を不便《ふびん》と爲すときハ郡《ぐん》參事會の議決《ぎけつ》を以て數《す》町村の組合《くみあひ》を設《まう》けしむすることを得

第百十七條　町村組合《くみあひ》を設《まう》くるの協議《けうぎ》を爲すときハ(第百十六條第一項)組合會議《くみあひくわいぎ》の組織《そしき》、事務《じむ》の管理方法《くわんりはうはふ》並其費用《ひよう》の支辨方法《しべんはうはふ》を併《あは》せて規定す可し

前條《ぜんでう》第二項の場合《ばあひ》に於ては其關係《くわんけい》町村の協議《けうぎ》を以て組合《くみあひ》費用の分擔《たん》法等其他必要《ひつえう》の事項を規定《きてい》す可し若し其協議整《けうぎとゝの》はさるときは郡參《ぐんさん》事會に於て之を定む可し

第百十八條　町村組合《くみあひ》は監督官廳《かんとくくわんちやう》の許可《きよか》を得《う》るに非《あら》されハ之を解《と》くことを得す

第七章　町村行政《ぎやうせい》の監督《かんとく》

第百十九條　町村の行政《ぎやうせい》は第一次に於《おい》て郡長《ぐんちやう》之を監督《かんとく》し第二次に於て府縣知事之を監督《かんとく》し第三次に於て內務大臣《ないむだいじん》之を監督《かんとく》す但《たゞし》法律に指定《してい》したる場合《ばあひ》に於て郡參事會及府縣參事會《ぐんさんじくわいおよびふけんさんじくわい》の參與《さんよ》するハ別段《べつだん》なりとす

第百二十條　此法律中別段《べつだん》の規定《きてい》ある場合《ばあひ》を除《のぞ》くの外凡《ほかおよそ》町村の行政《ぎやうせい》に關《くわん》する郡長若《も》くハ郡參事會の處分若《しよぶんもし》くは裁決《さいけつ》に不服《ふふく》ある者は府縣知事若《もし》くは府縣參事會に訴願《そぐわん》し其府縣知事若くハ

府縣參事會の裁決《さいけつ》に不服《ふふく》なる者《もの》ハ內務《ないむ》大臣《だいじん》に訴願《そぐわん》することを得

町村の行政《ぎやうせい》に關《くわん》する訴願《そぐわん》は處分書《しよぶんしよ》若くハ裁決書《さいけつしよ》を交付《かうふ》し又は之を告知《こくち》したる日より十四日以內に其理由《りゆう》を具《ぐ》して之を提出《ていしゆつ》す可し但《たゞし》此法律中別《べつ》に期限《きけん》を定《さだ》むるものは此限《かぎり》に在らさ

此法律中に指定《してい》せる場合《ばあひ》に於て府縣知事若《も》くハ府縣參事會の裁決《さいけつ》に不服《ふふく》ありて行政《ぎやうせい》裁判所ふ出訴《しゆつそ》せんとする者《もの》は裁決書《さいけつしよ》を交付《かうふ》し又は之を告知《こくち》したる日より廿一日以內《いない》に出訴《しゆつそ》すべし

行政《ぎやうせい》裁判所ふ出訴《しゆつそ》することを許《ゆる》したる場合《ばあひ》に於てハ內務《ないむ》大臣《だいじん》ふ訴願《そぐわん》することを得す

訴願《そぐわん》及訴訟《そしよう》を提出《ていしゆつ》するときハ處分《しよぶん》又も裁決《さいけつ》の執行《しつかう》を停止《ていし》す但《たゞし》此法律中別《べつ》に規定《きてい》ありて又は當《たう》該官廳《だいくわんちやう》の意見《いけん》に依《よ》り其停止《そのていし》の爲め町村の公益《こうえき》ふ害《がい》ありと爲すときは此限《かぎり》に在《あ》らす

第百二十一條　監督官廳《かんとくくわんちやう》は町村行政《ぎやうせい》の法律命令《めいれい》ふ背戾《はいるい》せさるや其事務《じむ》錯亂澁滯《しやくらんしうたい》せさるや否《いな》を監視《かんし》すべし監督《かんとく》官廳も之か爲《た》めに行政事務《ぎやうせいじむ》ふ關《くわん》して報告を爲《な》さし豫算《よさん》及決算《けつさん》等《とう》の書類《しよるゐ》帳簿《ぼ》を徵《てう》し並《ならび》に實地《じつち》に就《つい》て事務の現況《げんけう》を視察《しさつ》し出納《しゆつなふ》を檢閱《けんみ》するの權《けん》を有す

第百二十二條　町村又ハ其組合《くみあひ》ふ於て法律勅令《はふりつちよくれい》に依《よう》て負擔《ふたん》し又ハ當該《たうがい》官廳の職權《しよくけん》に依《よう》て命令《めいれい》する所の支出《しゆつ》を定額豫算《ていかくよさん》に載《の》せす又ハ臨時《りんじ》之を承認《しようにん》せす又ハ實行《じつかう》せさるときハ郡長《ぐんちやう》ハ理由《りゆう》を示《しめ》して其支出額《しゆつかく》を定額豫算表《ていかくよさんへう》に加《くは》へ又は臨時《りんじ》支出《しゆつ》せしむ可し

町村又は其組合《そのくみあひ》ふ於て前項《ぜんこう》の處分《しよぶん》に不服《ふふく》あるときは府縣參事會に訴願《そぐわん》し其府縣參事會の裁《さい》決《けつ》に不服《ふふく》あるときは行政《ぎやうせい》裁判所ふ出訴《しゆつそ》することを得

第百二十三條　凡《およそ》町村會に於て議決《ぎけつ》す可き事件《じけん》を議決《ぎけつ》せさる時《とき》ハ郡參事會代《かはつ》て之を議決《ぎけつ》す可し

第百二十四條　內務大臣《ないむだいじん》ハ町村會を解散《かいさん》せしむることを得《う》解散《かいさん》を命《めい》じたる場合《ばあひ》に於てハ同時に三ヶ月以內更《さら》に議員《ぎいん》を改選《かいせん》す可きことを命《めい》ず可し但《たゞし》改選《かいせん》町村會の集會する迄《まで》は郡參事會町村會に代《かはつ》て一切《さい》の事件を議決《ぎけつ》す

第百二十五條　左の事件に關する町村會の議決《ぎけつ》ハ內務大臣の許可《きよか》を受くることを要《えう》す
一　町村條例《てうそんでうれい》を設《もう》け幷改正《ならびかいせい》する事
二　學藝美術《がくげいびじゆつ》に關《くわん》し又は歷史上貴重《れきしじやうきちやう》なる物品《ぶつぴん》の賣却讓與質入書入交換《ばいきやくじやうよしちいれかきいれかうくわん》若くは大なる變更《かう》を爲す事
前項《ぜんかう》第一の場合《ばあひ》に於て人口一萬《まん》以上の町村に係《かゝ》るときは勅裁《ちよくさい》を經《へ》て之を許可《きよか》す可し

第百二十六條　左《さ》の事件に關《くわん》する町村會《てうそんくわい》の議決《ぎけつ》は內務大臣及大藏大臣《おほくら》の許可《きよか》を受ることを要《えう》す
一　新《あらた》に町村の負債《ふさい》を起《おこ》し又は負債額《ふさいがく》を增加《ぞうか》し及び百六條第二項《かう》の例に違《たが》ふもの但償還《しやうくわん》期限《きげん》三年以內のものは此限《このかぎり》に在らす
二　町村特別稅幷使用料手數料《とくべつぜいならびしようれうてすうれう》を新設《しんせつ》し增額《ぞうがく》し又ハ變更《へんかう》する事
三　地租《ちそ》七分の一其他直接國稅《ちよくせつこくぜい》百分の五十を超過《てうくわ》する附加稅《ふかぜい》を賦課する事
四　間接國稅《かんせつこくぜい》に附加稅《ふかぜい》を賦課《ふくわ》する事
五　法律《はふりつ》勅令の規定《きてい》に依り官廳《くわんちやう》より補助《ほじよ》する步合金《ぶあひきん》に對し支出金額《がく》を定むる事

第百二十七條　左《さ》の事件《じけん》に關《くわん》する町村會の議決《ぎけつ》ハ郡參事會《ぐん》の許可《きよか》を受くることを要す
一　町村《てうそん》の營造物《えいぞうぶつ》に關《くわん》する規則《きそく》を設《もう》け並《ならびに》改正する事
二　基本財產《きほんざいさん》の處分に關《くわん》する事（第八十一條）
三　町村有不動產《ふどうさん》の賣却讓與並質入書入《ばいきやくじやうよならびにしちいれかきいれ》を爲す事
四　各個人《かくこじん》特に使用《しよう》する町村有土地《いうとち》使用法の變更《へんかう》を爲す事（第八十六條）
五　各種《かくしゆ》の保證《ほしやう》を與《あた》ふる事
六　法律勅令《はふりつちよくれい》に依《よつ》て負擔《ふたん》する義務《ぎむ》に非《あら》すして向《むかふ》五ヶ年以上に亘《わた》り新《あらた》に町村住民《ぢうみん》に負擔《ふたん》を課《くわ》する事

七　均一《きんいつ》の税率《ぜいりつ》に據《よ》らずして國税府縣税《こくぜいふけんぜい》に附加税《ふかぜい》を賦課せる事（第九十條第二項）

八　第九十九條に從《したが》ひ數個人《すうこにん》又は町村内の一部に費用《ひよう》を賦課する事

九　第百一條の準率《じゆんりつ》に據《よ》らずして夫役《ぶやく》及現品《げんぴん》を賦課《ふくわ》せる事

第百二十八條　府縣知事《ふけんちじ》郡長《ぐんちやう》は町村長、助役《じよやく》、委員《ゐゐん》、區長《くちやう》其他町村吏員《ちやうそんりゐん》に對《たい》し懲戒處分《てうかいしよぶん》を行ふことを得《う》其懲戒處分《てうかいしよぶん》は譴責《けんせき》及過怠金《くわたいきん》とす郡長の處分《しよぶん》に係《かゝ》る過怠金《くわたいきん》は十圓以下《いか》府縣知事の處分《しよぶん》に係《かゝ》るものは二十五圓以下《いか》とす

追《おつ》て町村吏員《りゐん》の懲戒法《ちやうかいはう》を設くる迄《まで》は左の區別《くべつ》に從ひ官吏懲戒例《てうかいれい》を適用《てきよう》す可し

一　町村長の懲戒處分（第六十八條第二項第五）に不服《ふふく》ある者《もの》は郡長に訴願《そぐわん》し其《その》郡長の裁決《さいけつ》に不服《ふふく》ある者は府縣知事に訴願し其府縣知事の裁決《さいけつ》に不服《ふふく》ある者は行政《ぎやうせい》裁判所に出訴《しゆつそ》することを得

二　郡長の懲戒處分《ちようかいしよぶん》に不服《ふふく》ある者《もの》は府縣知事に訴願《そぐわん》し府縣知事の懲戒處分《てうかいしよぶん》及び其裁決《さいけつ》に不服《ふふく》ある者は行政《げうせい》裁判所に出訴《しゆつそ》することを得

三　本條第一項に掲載《けいさい》する町村吏員職務《りゐんしよくむ》に違《たが》ふこと再三《さいさん》に及《およ》び又は其情狀《じやうじやう》重《おも》き者《もの》又は行狀《ぎやうじやう》を亂《みだ》り廉恥《れんち》を失《しな》ふ者《もの》、財産《ざいさん》を浪費《らうひ》し其分《ぶん》を守《まも》らざる者又は職務擧《しよくむあが》らさる者は懲戒《てうかい》裁判を以て其職《そのしよく》を解《と》くことを得其隨時《すゐじ》解職《かいしよく》することを得《う》可《べ》き者《もの》は（第六十七條）懲戒《てうかい》裁判を以《もつ》てするの限《かぎり》に在《あ》らず

四　總《すべ》て解職《かいしよく》せられたる者は自己《じこ》の所爲《しよゐ》に非《あら》ずして職務《しよくむ》を執《と》るに堪《た》へざるが爲め解職《かいしよく》せられたる場合《ばあひ》を除《のぞ》くの外退隱料《はかたいゐんれう》を受《う》くるの權《けん》を失《うしな》ふものとす

懲戒《てうかい》裁判は郡長其審問《しんもん》を爲《な》し郡參事會之《これ》を裁決《さいけつ》す其裁決《さいけつ》に不服《ふふく》ある者は府縣參事會《う》に訴願《そぐわん》し其府縣參事會の裁決《さいけつ》に不服《ふふく》ある者は行政裁判所に出訴することを得

監督官廳《かんとくくわんちやう》は懲戒《ちやうかい》裁判の裁決《さいけつ》前吏員《りゐん》の停職《ていしよく》を命《めい》し幷給料を停止《ていし》することを得

第百二十九條　町村吏員《りゐん》及使丁《してい》其職務《そのしよくむ》を盡《つく》さす又ハ權限《けんげん》を越《こ》えたる事あるか爲《た》め町村に對《たい》して賠償《ばいしやう》す可きことあるときは郡參事會之を裁決《さいけつ》す其裁決に不服《ふふく》ある者《もの》は裁決書《さいけつしよ》を交付《かうふ》し又は之を告知《こくち》したる日より七日以內《いない》に府縣參事會に訴願《そぐわん》し其府縣參事會の裁決《さいけつ》に不服《ふふく》ある者ハ行《げう》政《せい》裁判所に出訴《しゆつそ》することを得但出訴を爲したるときハ郡參事會は假《かり》に其財產《ざいさん》を差押《さしおさ》ふることを得

第八章　附《ふ》則《そく》

第百三十條　郡參事會《ぐんさんじくわい》府縣參事會及行政裁判所《さいばんしよ》を開設《かいせつ》する迄《まで》の間《あひだ》郡參事會の職務《しよくむ》は郡長、府縣參事會の職務《しよくむ》ハ府縣知事《ふけんちじ》行政裁判所《ぎやうせいさいばんしよ》の職務《しよくむ》は內閣《ないかく》に於て之を行《おこな》ふ可し

第百三十一條　此法律《このはふりつ》に依《よ》り初《はじめ》て議員《ぎゐん》を選擧《せんきよ》するに付《つき》町村長及町村會の職務並《ならび》に町村條例《でうれい》を以て定《さだ》む可き事項《じかう》は郡長又は其指命《しめい》する官吏《くわんり》に於て之を施行《しかう》す可し

第百三十二條　此法律《このはふりつ》は北海道沖繩縣《ほくかいだうおきなはけん》其他勅令《ちよくれい》を以て指定《してい》する島嶼《たうよ》に之を施行《しかう》せす別《べつ》に勅令《ちよくれい》を以て其制《そのせい》を定《さだ》む

第百三十三條　前條《ぜんでう》の外特別《ほかとくべつ》の事情《じじやう》ある地方《ちはう》に於ては町村會及町村長の具申《ぐしん》又は郡參事會《ぐんさんじくわい》の具《ぐ》申《しん》に依《よ》り勅令《ちよくれい》を以て此法律中《このはふりつちう》の條規《でうき》を中止《ちうし》することある可し

第百三十四條　社寺《しやじ》宗教《しうけう》の組合《くみあひ》に關《くわん》しては此法律《このはふりつ》を適用《てきよう》せす現行《げんかう》の例規《れいき》及其地の習慣《しふくわん》に從《したが》ふ

第百三十五條　此法律中《このはふりつちう》に記載《きさい》せる人口《じんかう》は最終《さいしう》の人口調査《てうさ》に依《よ》り現役軍人を除《のぞ》きたる數を云ふ

第百三十六條　現行《げんかう》の租《そ》稅中《ぜいちう》此法律《はふりつ》に於て直接稅《ちよくせつぜい》又ハ間接稅《かんせつぜい》とす可き類別《るいべつ》ハ內務大臣《ないむだいじん》及大藏《おほくら》大臣之を告示す

第百三十七條　此法律《このはふりつ》ハ明治二十二年四月一日より地方《ちはう》の情況《じやうけう》を裁酌《さいしやく》し府縣知事の具申《ぐしん》に依《より》內

務大臣の指揮《しき》を以て之を施行《しかう》す可し

第百三十八條　明治九年十月第百三十號布告《ふこく》各區町村金穀公借共有物取扱《きんこくこうしやくきようゆうぶつとりあつかひ》土木起功規則《どぼくきこうきそく》、明治十一年七月第十七號布告郡區町村編制法《へんせいはふ》第六條及第九條但書《たゞしがき》、明治十七年五月第十四號布告《ふこく》區町村會法《くわいはふ》、明治十七年五月第十五號布告《ふこく》、明治十七年七月第二十三號布告、明治十八年八月第二十五號布告《ふこく》其他此法律《このはふりつ》に抵觸《ていしよく》する成規《せいき》は此法律施行《このはふりつしかう》の日より總《すべ》て之を廢止《はいし》す

第百三十九條　内務大臣《ないむだいじん》は此法律實行《このはふりつじつかう》の責《せめ》に任《にん》し之か為め必要なる命令《めいれい》及訓令《くんれい》を發布《はつぷ》す可し

市制《しせい》町村制理由《せいりゆう》

本制《ほんせい》の旨趣《しゆ》は自治《じち》及分權《ぶんけん》の原則《げんそく》を實施《じつし》せんとするに在りて現今《げんこん》の情勢《じやうせい》に照《てら》し程度《ていど》の宜《よろし》きに從《したが》ひ以て立法上《りつぽふじやう》其端緒《たんしよ》を開《ひら》きたるものなり此法制《はふせい》を施行《しかう》せんとするには必先《かならずま》つ地方自治《じち》の區を造成せさる可からさる地方《ちはう》の自治區《じちく》は特立《とくりつ》の組織《そしき》を為《な》し公法民法《こうはふみんはふ》の二者に於て共に一個《いつこ》人民《じんみん》と權利《けんり》を同《おなじ》くし之か理事者《りじしや》たるの機關《きくわん》を有するものなり其機關《きくわん》は法制《はふせい》の定《さだ》むる所に依て組織《そしき》し自治体《じちたい》は即ち之に依て其意思《いし》を表發《へうはつ》し之を執行《しつかう》することを得るものとす故に自治區は法人《はふじん》として財産《ざいさん》を所有《しよゆう》し之を授受賣買《じゆじゆばいばい》し他人と契約《けいやく》を結《むす》ひ權利《けんり》を得義務《ぎむ》を負《おは》ひ又其區域内《くゐきない》は自ら獨立《どくりつ》して之を統《とう》治《ぢ》するものあり然りと雖《いへど》も其區域《くゐき》は素《もと》と國の一部分《ぶぶん》にして國の統轄《とうかつ》の下に於て其義務《ぎむ》を盡《つく》さゝるを得す故《ゆゑ》に國は法律《はふりつ》を以て其組織《そしき》を定め其負擔《ふたん》の範圍《はんゐ》を設《まう》け常《つね》に之を監督《かんとく》す可きものとす國内の人民《じんみん》各《おの》其自治《じち》の團結《だんけつ》を為し政府《せいふ》之を統一《とういつ》して其機軸《きぢく》を執るは國家の基礎《きそ》を鞏固《きやうこ》にする所以《ゆゑん》なり國家の基礎《きそ》を固《かた》くせんとせば地方《ちはう》の區畫《くくわく》を以て自治の機体《きたい》と為《な》し以て其部内の利害《りがい》を負擔《ふたん》せしめさる可からす

現今《げんこん》の制《せい》は府縣《ふけん》の下《もと》郡區町村《ぐんくちやうそん》あり區町村も稍《やゝ》自治《じち》の体《たい》を存《そん》すと雖も未《いま》た完全《かんぜん》なる自治の制《せい》なるを見す郡《ぐん》の如きは全く行政の區畫《くわく》たるに過《す》きさる府縣は素《もと》と行政の區畫《くくわく》にして幾分《いくぶん》か自治の制《せい》を

兼《か》ね有《いう》せるか如しと雖も是亦全《これまたまつた》く自治の制《せい》ありと謂《い》ふ可からす今前述《こんじゆつ》の理由《りゆう》に依《よ》り此區畫を以《もつ》て悉《ことごと》く完全《かんぜん》なる自治体《じぢたい》と為《な》すを必要《ひつよう》なりとす即《すなは》ち府縣郡市町村を以て三階級《かいきう》の自治体と為《な》さんとす此階級《このかいきう》を設《まう》くるハ分權《ぶんけん》の制《せい》を施《ほどこ》すに於ても亦緊要《またきんえう》なりとも蓋《けだし》自治區には其自治体共同《じぢたいけうどう》の事《じ》務《む》を任《まか》も可きのみならす一般《はん》の行政《ぎやうせい》に屬《ぞく》する事と雖も全國《ぜんこく》の統治《とうぢ》に必要《ひつえう》にして官府《くわんぷ》自ら處理《しより》すへきものを除《のぞ》くの外《ほか》之を地方に分任《ぶんにん》するを得策《とくさく》なりとす故に其町村の力《ちから》に堪《た》ゆる者ハ之を其負《そのふ》擔とし其力に堪《たへ》さる者は之を郡《ぐん》に任《にん》し一郡《ぐん》の力《ちから》に及《およ》はさる者も之を府縣の負擔《ふたん》とす可し是階級《これかいきう》の重複《ぢうふく》するを厭《い》はすして却《かへつ》て利益《りえき》ありと為《な》す所以《ゆゑん》あり

維新《ゐしん》の後政務《のちせいむ》を集攬《しうらん》して一に之を中央《ちうわう》の政府《せいふ》に統《す》へ地方官《ちはふくわん》ハ各《おのおの》其職權《しよくけん》ありと雖も政府の委任《ゐにん》に依《よつ》て代《かはつ》て事を處《しよ》するに過《す》きず今地方の制度を改《あらた》むるハ則《すなは》ち政府《せいふ》の事務《じむ》を地方に分任《ぶんにん》し又人民をして之に參與《さんよ》せしめ以て政府《せいふ》の繁雜《はんざつ》を省《はぶ》き併《あは》せて人民の本務《ほんむ》を盡《つく》さしめんとするに在り而《しか》して政府《せいふ》ハ政治の大綱《たいかう》を握《にぎ》り方針《はうしん》を授《さづ》け國家統御《こくかとうぎよ》の實《じつ》を擧《あ》くるを得《う》可《べ》く人民は自治《じぢ》の責任《せきにん》を分《わか》ち以て專《もつぱ》ら地方《ちはう》の公益《こうえき》を計《はか》るの心を起《おこ》すに至《いた》る可し蓋《けだ》し人民參政《じんみんさんせい》の思想發達《しさうはつたつ》するに從ひ之を利用《りよう》して地方《ちはう》の公事《こうじ》に練習《れんしふ》せしめ施政《しせい》の難易《なんゐ》を知《し》らしめ漸《やうや》く國事に任《にん》するの實力《じつりよく》を養成《やうせい》せんとす是將《しやう》來立憲《らいりつけん》の制《せい》に於て國家百世の基礎《きそ》を立《た》つるの根源《こんげん》たり

故に分權《ぶんけん》の主義《しゆぎ》に依《よ》り行政事務《ぎやうせいじむ》を地方に分任《ぶんにん》し國民《こくみん》をして公同《こうどう》の事務を自擔《たん》せしめ以て自治の實《じつ》を全《まつた》からしめんとするには技術專門《ぎじゆつせんもん》の職若《しよくもし》くは常職《じやうしよく》として任《にん》す可き職務《しよくむ》を除《のぞ》くの外概《ほかおほむ》ね地方の人民をして名譽《めいよ》の為め無給《むきう》にして其職《しよく》を執《と》らしむるを要《えう》す而《しか》して之を擔任《たんにん》するは其地方《ちはう》人民の義務と為す是國民《これこくみん》たる者國《ものくに》に盡《つく》すの本務《ほんむ》にして丁壯《ていさう》の兵役《へいえき》に服《ふく》すると原則《げんそく》を同《おなじ》く更《さら》に一歩を進《すゝ》むるものなり然《しか》れとも人民を以て普《あまね》く此義務《このぎむ》を帶《お》はしむるときハ其任《にん》又輕《かろ》しと為《な》さす故に一朝《てう》にして此制《せい》を實行《じつかう》せんとするは頗《すこぶ》る難事《なんじ》に屬《ぞく》すと雖も其目的《もくてき》たる國家永遠《こくかえいゑん》の計《けい》に在りて効果《かうくわ》

を速成《そくせい》に期《き》せず漸次《ぜんじ》参政の道《みち》を訓導して公務《こうむ》に練熟《れんじゆく》せしめんとするに在り是を以て力《つと》めて多《おほ》く地方の名望《めいばう》ある者を挙《あ》げて此任《このにん》に當《あた》らしめ其地位《ちゐ》を高《たか》くし待遇《たいぐう》を厚《あつ》くし無用の労費《らうひ》を負《お》はしめす倦怠《たい》の念《ねん》を生《せう》せさらしむるときハ漸《やうや》く其責任《せきにん》の重《おも》きを知り参政の名誉《めいよ》たるを辨《べん》するに至らんとす且本邦舊來《かつほんぽうきうらい》の制《せい》を稽《かんが》ふるに無給職《むきうしよく》にして町村の事務に任するの例《れい》あり各《かく》地方の習慣《しうくわん》固《もと》より一定《てい》なるに非す且維新《ゐしん》後數次《すうじ》の變革《へんかく》に依《よつ》て頗《すこぶ》る此習慣《しうくわん》を破《やぶ》りたりと雖も今日に及《およん》て之を襲用《しふよう》せるあるも猶難《なほかた》からさる可し是此制《せい》を實施《じつし》するに方《あたつ》て多少《たせう》の困難《こんなん》あるに拘《かゝは》らす漸次《ぜんじ》其目的《そのもくてき》を達《たつ》せん事を期《き》して疑《うたが》はざる所以《ゆゑん》なり

然れとも他の一方より之《これ》を見《み》るときは又地方《ちはう》の情況《じやうきやう》に依《よ》り多少《たせう》の酌量《しやくりやう》を加《くは》へさるを得さる者あり是を以て町村長は公選《こうせん》と為《な》すと雖も其選挙宜《せんきよよろし》きを得《え》さるときハ臨時官選《りんじくわんせん》を許《ゆる》し或ハ官吏《くわんり》を派《は》遣《けん》して其事務《じむ》を執《と》らしむるの例《れい》あり又島嶼《たうしよ》の地其他特別《とくべつ》の事情《じじやう》有て此制《このせい》を實施《じつし》し難《がた》き地方《ちはう》には之を行《おこな》はさるを許《ゆる》すの例《れい》あり(町村制第六十一條、第百三十二條、第百三十三條)其他《た》十分《ぶん》に實地《じつち》活用《くわつよう》の方《はう》を與《あた》へされは各地《かくち》の實況《じつけう》に照《てら》して之に應《おう》するの便《べん》あるを信す固《もと》より是等の法令《はふれい》は人民の情態《じやうたい》に依《よ》り智識《ちしき》の度《ど》に應《おう》して宜《よろし》きを取《と》らさるを得す徒《いたづら》に自治の理論《りろん》に據《よ》て遽《にはか》に其完備《くわんび》を求《もと》むるの如きは立法者《りつぽふしや》の慎重《しんちやう》を加《くは》ふ可き所なりとす是本制《これほんせいた》多少《せう》の斟酌《しんしやく》なきを得《え》さる所以《ゆゑん》なり

本制《ほんせい》を施行《しかう》するに付ては漸《ぜん》を以て郡府縣《ぐんふけん》の制度《せいど》の改正に及はさるを得《え》さるものあり今其概略《がいりやく》を挙《あ》くれは郡《ぐん》に郡長を置《お》き府縣に府縣知事を置《お》き其撰任組織《せんにんそしき》等固《もと》より舊《きう》の如くして之を改めすと雖も府縣會の外新《ほかあらた》に郡會を開き府縣郡に各参事會《かくさんじくわい》を設《まう》けざるを得《え》ず然《しか》れとも是等の事ハ府縣郡《ふけんぐん》制《せい》の制定《せいてい》あるを待《まつ》て始《はじ》めて定まる可き事にして今只之《いまたゞこれ》を以て本制《ほんせい》の参考《さんかう》に供するのみ

本制《ほんせい》に制定する市町村《しちやうそん》は共に最下《さいか》級の自治体《ちてい》にして市と云ひ町村《ちやうそん》と云ひ都鄙《とひ》の別に依て其名《な》を異《こと》にするに過《す》きす其制度を立つるの原質《げんしつ》に至ては彼此《かれこれ》相異《あひこと》なる所なし元來《ぐわんらい》町と村とは人民生計《せいけい》

の情態《じやうたい》に於て其趣《おもむき》を同くせさるものありて細《こま》かに之を論《ろん》すれハ均一《きんいち》の準率《じゆんりつ》に依り難《かた》きものなきに非《あら》すと雖も本邦現今《ほんぱうげんこん》の状況《じやうけう》を察《さつ》し舊來の慣習《くわんしう》に依て之を考《かんが》ふるに都會輻湊《とくわいふくそう》の地を除《のぞ》くの外宿《しゆく》驛《えき》と稱し町と稱《しやう》するもの施政《しせい》の大体に於て村落《そんらく》と異同《いどう》あることなし故に今《いま》之を同一制度《どういつせいど》の下《もと》に立たしめんとす其施治《しぢ》の細目《さいもく》に至てハ或《あるひ》は多少《たせう》の差異《さい》を見ることあるへしと雖も此等《これら》ハ制度《せいど》の範圍内《はんゐない》に於て執行者《しつかうしや》の處分斟酌《しよぶんしんしやく》宜《よろし》きを得ると否《いな》とに在るへきものとす然《しか》れとも都會《とくわい》の地に至りては大に人情風俗《にんじやうふうぞく》を異《こと》にし經濟上《けいざいじやう》自ら差別《さべつ》ありて故に之を分離《ぶんり》して別に市制《しせい》を立て機關《きくわん》の組織《そしき》及行政監督《ぎやうせいかんとく》の例を異《い》にせり是固より町村制と其性質《せいしつ》を異にするに非す其市民の便益《べんえき》と實際《じつさい》の必《ひつ》要《えう》とに出て然《しか》らさるを得さるなり卽《すなはち》現行《げんかう》の區制《くせい》に繼續《けいぞく》する所のものなりと雖も從來《じうらい》の區ハ都の疆域《けうゐき》を離《はな》れすして行政上《ぎやうせいじやう》別に吏員を置き事務を處理《しより》するに過《す》きさりしも今改《あらた》めて獨立分離《どくりつぶんり》せしめ從來《じうらい》區の下に町ありしも之を改《あらた》めて市を最下級《さいかきう》の自治体《じちたい》と爲《な》さんとす而して三府市街《ふしがい》の如《ごと》きは其情況《じやうけう》又他の都會《とくわい》の地と同しからさるものあるを以て市制中《しせいちう》機關《きくわん》の組織《そしき》等に於て二三の特例《れい》を設《もう》くるものあり今此《いまこの》市制《せい》を施行《しかう》せんとするものハ三府其他人口《じんこう》凡二萬五千以上の市街地に在りとす尤《もつと》も區制々定《くせいくてい》の時に至て其要件《ようけん》を確定《かくてい》することある可きと雖も今内務大臣《いまないむだいじん》の定むる所に從《したがつ》て之を施行《しかう》せんとす區の名稱《めいしやう》を改《あらた》めて市と爲すは三府の如き一府内《ふない》の區混同《こんどう》するを避《さ》くるなり町村は通して其組織《そしき》を同す可きは前述《ぜんじゆつ》の如きと雖も其大小廣狹《だいせうくわうけふ》に依り又ハ貧富繁閑《ひんふはんかん》に依りて自ら事情を異《こと》にするものなきに非す故《ゆへ》に或は一定の例規《れいき》を適用《てきよう》し難《かた》きものあり是亦酌量《しゆくりやう》を加へ法律の範圍《はんゐ》を廣《ひろ》くして地方の便宜《びんぎ》を與《あた》へんとするなり（町村制第十一條、第十四條、第二十五條、第三十一條、第五十二條、第五十六條、第五十九條、第六十三條、第六十四條、第百三十三條）

市制町村制《しせいちやうそんせい》第一章　總則《そうそく》

凡《およそ》市町村《しちやうそん》ハ他の自治區《じぢく》と同く二三の元素《げんそ》を存《そん》せざる可からず卽《すなは》ち疆土《きやうど》と人民と是《これ》なり此《この》二者《しや》其

一《いち》を缺《か》くときハ市町村の自治体《じちたい》を爲《な》すに足《た》らざるなり而《しか》して市町村の制度《せいど》ハ法律《はうりつ》を以て之を定《さだ》むと雖も或《あ》る界限内《かいげんない》に在て市町村に自主《じしゆ》の權を付與《ふよ》するものとす是《これ》を市町村の基礎《きそ》とす

第一欵《かん》ハ市制町村制《しせいちやうそんせい》を執行《しこう》するの地《ち》を定《さだ》め(市制町村制第一條)法律上《はうりつじやう》市町村の性質《せいしつ》を明《あきらか》にし(市制町村制第二條)次《つい》て第一元素《げんそ》たる疆土《けうど》に關《くわん》する條件を定《さだ》む(市制町村制自第三條至第五條)

第二欵《かん》は第二元素《げんそ》に關《くわん》する條件、住民權公民權《じうみんけんこうみんけん》の得喪及《とくそうおよび》住民權公民權より生《せう》ずる權利義務《けんりぎむ》を規《き》定《てい》す(市制町村制《しせいちやうそんせい》自第六條至第九條)

第三欵《かん》ハ市町村に付與《ふよ》する自主權《じしゆけん》の範圍《はんゐ》を示《しめ》す(市制町村制第十條)

第一欵《かん》　市町村《しちやうそん》及其區域《くいき》

市町村《しちやうそん》の區域《くいき》ハ一方に在ては國土分畫《こくどぶんくわ》の最下級《さいかきふ》にして即《すなは》ち國《くに》の行政區畫《くくわ》たり一方《はう》に在てハ獨立《どくりつ》したる自治体《じちたい》の疆土《けうど》たり其疆土ハ自治体が公法上《こうはふじやう》の權利を執行《しつかう》し義務を踐行《せんかう》するの區域《くいき》なり故《ゆゑ》に市町村の區域ハ從來《じゆらい》の成立《なりたち》を存《そん》して之を變更《へんこう》せざるを以て原則《げんそく》とす然《しか》れども町村の力貧弱《ちからひんじやく》にして其負擔《ふたん》に堪《た》へず自ら獨立《どくりつ》して其《その》本分を盡《つく》すこと能《あた》ハざるものあり是《これ》其町村自己《じこ》の不利《ふり》たるのみならず國《くに》の公益《こうえき》に非《あら》さるなり是を以て有力の町村を造成《ざうせい》し維持《いぢ》するは國の利害《りがい》に關《くわん》する所にして町村の廢置分合《はいちぶんがふ》若《もし》くは區域《くいき》の變更等に付《つ》き國《くに》の干渉《かんせう》を要《えう》すると明《あきらか》なり固《もと》より關係《くわんけい》ある土地《とち》の所有主《しよいうしゆ》及自治區《じちく》をして利害《りがい》の關する所に依《よつ》て各《おの〳〵》其意見《そのいけん》を達するの機會《きくわい》を得《え》せしめ其意見一般《いつぱん》の公益《こうえき》を害《がい》せさる限《かぎ》りは之を採用《さいよう》せざる可からず尤《もつとも》他の一方より論するときハ其關係者《くわんけいしや》たるものハ動《やゝ》もすれは自己《じこ》の利害《りがい》に偏《へん》し永遠《えいゑん》の得失を顧《かへりみ》さるか如きことあるを免《まぬか》れず故《ゆゑ》に一に其承諾《せうだく》に依《よつ》て決することを得ず假令《たとひ》其承諾《せうだく》なきも之を斷行《だんこう》するの權力あるを要す然《しか》れとも此等《これら》の處置《しよち》たるや地方の情況《じやうけう》に通曉《つうげう》するを要し且《かつ》公平を示《しめ》さんか爲めに高等《かうとう》自治區參事會の議決に任《にん》するを至當《したう》とす(市制第四條、町村制第五條)

本制《ほんせい》は町村の分合《ぶんがふ》に就《つい》て詳細《しやうさい》なる規則を設《まう》けず各地《かくち》の情況を斟酌《しんしやく》するの餘地《よち》を存ずるなり唯《たゞ》十分の資力《しりよく》を有《いう》せさる町村は比《ひ》隣相合併《りんあひがつぺい》す可きの例を設《まう》く此《か》くの如き町村く獨立《どくりつ》を有《たも》たしむることを得さるを以て假令《たとへ》其《そ》の承諾《しやうだく》なきも他《た》の町村に合併《がつぺい》し又《ま》たは數箇《すうこ》相合《あひがつ》して新《しん》町村を造成《ざうせい》せざる可からず固より本制《ほんせい》に定むるかごとく各市町村《かくしてふそん》從前《じゆうぜん》の區域《くゐき》を變更《へんかう》せざるは原則《げんそく》なりと雖《いへ》ども現今《げんこん》各町村の大半は狹少《けうせう》に過《す》き本制に據《よ》つて獨立《どくりつ》町村たる資格《しかく》を有するを得さるもの蓋《けだ》し少からす故に合併《がつぺい》の處分《しよぶん》を爲すも亦已《またや》むを得さる所あり然《しか》れとも分合《ぶんがふ》の例規《れいき》は詳《つまび》らかに之《こ》れを法律《はふりつ》に制定《せいてい》せす其緩急《かんきふ》を行政廳《ぎやうせいてう》の見る所に任するものは各地《かくち》の地形人情《ちけいにんじやう》及び古來《こらい》の沿革《えんかく》を參酌《さんしやく》するの自由《じゆう》を得せしめんとするに在《あ》り若し其實行《じつかう》に方《あた》つて執行《しつかう》者の標準《へうじゆん》を定むるか如きは時に臨《のぞ》んて訓令《くんれい》を發《はつ》することあるも可し之《と》れを要するに町村を舊來《きうらい》の區域《くゐき》を存して改《あらた》めさるを原則とし資《し》力《りよく》なき者《もの》は之を合併《がつぺい》して以て法律《はふりつ》の冀望《きばう》する有力《いうりよく》の町村を造成せんことを期《き》するに在り又合併《がつぺい》の爲めに其區域廣濶《くわうくわつ》ふ過《す》きて地形人情《ちけいにんじやう》の自然《しぜん》を失ひ其有物の區域《くゐき》を混《こん》し其使用の便《べん》を害する等の事なきを要そ然れ共今日に在《あつ》てハ事情《じじやう》已むを得さるものありて十全《ぜん》の合併《がつぺい》を爲すことを得す又は合併《がつぺい》を以て不便《ふべん》を爲すか如きことあるへし故《ゆゑ》に町村制《てうそんせい》第百十六條に於て町村組合《てうそんくみあひ》を設《まう》くるの便法《べんはふ》を存せり其組合町村ハ各獨立《かくどくりつ》を保《たも》ち而して共同して一定の事務《じむ》を處辨《しよべん》するものなり其共同事務《じむ》の範圍《はんゐ》等《とう》は實地《じつち》の需要《じゆえう》に依て便宜《べんぎ》之を議定《ぎてい》するふ任す

凡《およそ》區域《くゐき》を變更《へんかう》するに方《あた》ては必《かならず》關係者《くわんけいしや》の協議《けうぎ》を以て財産處分《ざいさんしよぶん》又ハ費用の分擔《ぶんたん》を定むるを要す是亦《また》一定の例規《れいき》を示さす蓋《けだし》此等《これら》の處分《しよぶん》は強《あなが》ち法理《はふり》に泥《なず》まず專ら情義《じやうぎ》に依るを以て穩當《おんたう》とす但其專《せん》斷偏私《だんへんし》の弊《へい》なからしめんか爲め其處分《しよぶん》を參事會《さんじくわい》に任《にん》せり而して其參事會の議決《ぎけつ》に對《たい》してハ司法の裁判《さいばん》を仰《あふ》くを許《ゆる》さす

市町村經界《けいかい》の爭論《そうろん》は公法上の權利《けんり》の廣狹《くわうけう》に關《くわん》するを以《もつ》て公法に屬《ぞく》せり故に此類《このるゐ》の爭論《そうろん》は司法裁判

を求《もと》むるを許さすして參事會の裁決《さいけつ》に付し終審《しゆうしん》ニ於てハ行政裁判所の判決《はんけつ》ニ任せり（市制町村制第五條）若《も》し之に反《はん》して民法《みんはふ》上の所有權《けん》若くハ使用權に關する爭論《さうろん》は固より司法裁判に屬《ぞく》すへきを以て其爭論者《さうろんしや》の一方《いつはう》若くは雙方《さうはう》とも市町村に係《かゝ》ると雖《いへど》も參事會の裁決《さいけつ》ニ附せす行政裁判に屬《ぞく》せさるハ勿論《もちろん》なり

第二款　市町村住民籍《ぢうみんせき》及公民權

町村と人民との關係《くわんけい》は現行《げんかう》の法に於て本籍《ほんせき》寄留の別あり現實《げんじつ》の住居地は必しも本籍《ほんせき》地ならす本籍《せき》は殆《ほと》んと虛名を存するに過《す》ぎさるものあり而して府縣《ふけん》會議員の選擧《せんきよ》の如き公法上の權利は本籍《せき》に屬《ぞく》して寄留地に屬《ぞく》せさるものあり甚《はなは》だ事實《じつ》と相適《あひてき》せす蓋公法上の權利を行ふハ現實《げんじつ》の利害《りがい》に基《もとづ》くへくして虛名《きよめい》に依《よ》るへからす故に本制《ほんせい》ニ於てハ現行《げんかう》本籍寄留の法に依らす凡《およそ》市町村內に住居《ぢうきよ》を定むる者ハ則《すなは》ち市町村住民《ぢうみん》にして本籍寄留の別《べつ》あることなし尤《もつと》も市町村住民籍《みんせき》即屬籍《ぞくせき》の例規は別に法令を以て之を制定《せいてい》せんことを期《き》す故ニ茲《こゝ》に之を詳述《せうじゆつ》せすと雖も要《えう》するに本制の行《おこな》はるゝ日より人民《じんみん》と町村との關係《くわんけい》即町村の屬籍《ぞくせき》に付ては從來《じうらい》本籍寄留の例《れい》を一變《へん》するものなり但《たゞし》戶籍上《こせきじやう》の事即戶主家族《こしゆかぞく》の關係に於てハ之と相關《あいくわん》することなく從前の戶籍法《こせきはふ》を存して之を變更《へんかう》せさるなり

市町村住民《してうそんぢうみん》の權利ハ市町村の營造物《えいざうぶつ》を共用《けうよう》し其財產所得《しよとく》の使用に參與《さんよ》するに在り但《たゞし》法律及《および》市町村の條例《でうれい》規則に據《よ》るべきは固《もと》より言《げん》を俟《ま》たす其義務《ぎむ》ハ市町村の負擔《たん》を分任《ぶんにん》するに在り其義務の生《せう》するは即《すなは》ち市町村に住居《ぢうきよ》を定め住民《ぢうみん》と爲《な》りし時に起《おこ》る但《たゞ》し市町村內に住居《ぢうきよ》を定めす一時《じ》滯在《たいざい》する者《もの》即其市町村住民《ぢうみん》ニ非《あら》さる者と雖も其滯在《たいざい》の久《ひさ》しきに至《いたつ》ては市町村の負擔《ふたん》に任《にん》せしむるを當《たう》然《ぜん》とす（市制町村制第九十二條）

故《ゆへ》に身《み》羇旅《きりよ》に在る者と一時《じ》の滯在者《たいざいしや》とを除《のぞ》くの外《ほか》凡《およそ》市町村內に住居《ぢうきよ》を定《さだ》むる者は即皆《みな》市町村住《ぢう》

民たり軍人官吏《ぐんじんくわんり》の如きも亦皆然《みなしか》り然りと雖も軍人官吏《ぐんじんくわんり》は公民權《こうみんけん》を行《おこな》ひ及市町村の負擔《ふたん》を分任《ぶんにん》する上《うへ》に於て例外《れいぐわい》に置《お》くを必要《ひつえう》と爲《な》すの條件《でうけん》あり即市制《しせい》第八條、第九條、第十二條、第十五條、第五十五條、第九十六條、町村制《ちやうそんせい》第八條、第九條、第十二條、第十五條、第五十三條、第九十六條に定《さだ》むる所の如し又皇族《くわうぞく》は市町村の屬籍外《ぞくせきぐわい》たること勿論《もちろん》なれは敢《あへ》て本制に掲載《けいさい》せす

市町村住民中公務《しちやうそんぢうみんちうこうむ》に參與《さんよ》するの權あり又義務《ぎむ》ある者ハ別《べつ》に要件《えうけん》を定めて其資格《しかく》に適《かな》ふ者に限《かぎ》る之を公民《こうみん》とす(市制町村制第七條)

公民《こうみん》ハ住民中《ぢうみんちう》に在て特別《とくべつ》の權利を有《いう》し重大《ぢうだい》の負擔《ふたん》を帶《お》びたる者とす其の資格《しかく》の要件《えうけん》ハ自《おのづか》ら民度《みんど》風俗《ふうぞく》に從ひ各地方《かくちはう》の情況《ぢやうけう》を酌《く》み以て其宜《よろしき》を制するを便《べん》なりとす故《ゆへ》に市町村の自主《じしゆ》の權に任《まか》せ適《てき》宜《ぎ》之を選定《せいてい》せしむへきか如しと雖も又一方《はう》より考《かんが》ふれハ各地方《かくちはう》區々に出《い》て、權利上公平《こうへい》を失するの恐《おそれ》なき能《あた》はす各國《かくこく》の例《れい》を案《あん》するに是亦異同《これまたいどう》ありて一定《てい》せす今《いま》本則ハ本邦《ほんぽう》の民度《みんど》情体《せうたい》を察《さつ》し幷《あは》せて各國《かくこく》の例を參酌《さんしやく》し之を制定《せいてい》せり

各國《かくこく》の例を案《あん》するに大畧《たいりやく》二類あり一ハ即市町村住民《ぢうみん》にして法律上の要件《えうけん》に適《てき》するときは直《たゞち》に公《こう》民《みん》となるの法とし一は則特別《とくべつ》の手續《てつゞき》に依《よう》て公民權を得《う》るの法とす今《いま》第一の例《れい》を以て適當《てきたう》と爲《な》す故《ゆへ》に本制ハ市町村住民中《しちやうそんぢうみんちう》市制町村制第七條に規定《きてい》したる要件《えうけん》に適《てき》するときハ直《たゞち》に公民たるを得《う》るものとす

外國人及公權《こうけん》を有せさる者にハ公民權《こうみんけん》を與《あた》ふ可からさること疑《うたがひ》を容《い》れす本制《ほんせい》に於てハ婦人《ふじん》及獨《どく》立《りつ》せさる者も亦《また》皆公民外《こうみんぐわい》に置《お》くを通例《つうれい》とす但《たゞし》市制町村制第十二條、第二十四條に於てハ之に選《せん》擧權《きよけん》を與《あた》ふるの特例《とくれい》あり官府其他總《すべ》て法人《はふじん》たる者も亦之に準《じゆん》す其他ハ一般《はん》を二年以來《いらい》市制村町制第七條に列記《れつき》したる要件《えうけん》を有するを要《えう》す然るに一般《はん》に二年以上の制限《せいげん》あるは或は不公平《ふこうへい》を生《せう》するの恐《おそれ》ありと雖も市町村會に於て之を特免《とくめん》するの權利《けんり》を有するを以て其甚《はなはだ》しきに至らさる

可し其他多額《たかく》の納稅者《なふぜいしや》ふ就《つい》ても亦之に類《るゐ》するの特例《とくれい》を設《まう》く(市制町村制第十二條)甲市町村の住民にして乙《おつ》市町村内に土地《とち》を所有《しよいう》し若《もし》くは營業《えいげふ》を爲すの爲《ため》に市制町村制第九十三條に從《したが》ひ市町村稅《ぜい》を負擔《ふたん》する者なり此《かく》の如き者には固《もと》より完全《くわんぜん》の公民權《こうみんけん》を與《あた》へすと雖も市制町村制第十二條に從《したがつ》て特《とく》に選擧權を行《おこな》はしむるものとす蓋本制《けだしほんせい》に定《さだ》むる要件《えうけん》中納稅額《かく》の制限《せいげん》を設《まう》くる所以《ゆゑん》は市町村を以て其盛衰《せいすゐ》に利害《りがい》の關係《かんけい》を有せさる無智《むち》無產《むさん》の小民《せうみん》に放任《はうにん》するゝとを欲《ほつ》せさるか爲めなり然れ共本制《ほんせい》には二級若《もし》くは三級選擧法を行《おこな》ふふ依《よつ》て幸《さいはひ》に小民の多數《たすう》を以て資產者《しさんしや》を抑壓《よくあつ》するの患《うれひ》を免《まぬか》るべきか故に其制限《せいげん》は之を低度に定《さだ》むるも妨《さまた》けなし元來《ぐわんらい》選擧權を擴充《くわうじう》し以て細民《さいみん》不滿《ふまん》の念《ねん》を絶《た》たんことを期《き》すれも此《この》選擧法の他ふ優《まさ》れりとする所なる故《ゆゑ》に本制ふ於ては二年以來《いらい》町村内に於て地租《ちそ》を納《をさ》むる者は其制限額《せいげんがく》を設《まう》けす其他の納稅者《なふぜいしや》は二圓以上《いじやう》とせり而《しか》して其稅額直《ぜいがくちよく》接國稅《せつこくぜい》を標準《へうじゆん》と爲《な》し市制町村制第十二條、第十三條の塲合《ばあひ》の如《ごと》く市町村稅を標準《へうじゆん》とせざる所以《ゆゑん》のものは現今《げんこん》町村費《ひ》の賦課《ふくわ》法たる各地《かくち》方異同《いどう》ありて未《いま》た完全《くわんぜん》の域《ゐき》に達《たつ》せさるを以て町村稅に依《よ》り其標準《へうじゆん》を立《た》つるは頗《すこぶ》る難事《なんじ》に屬《ぞく》するを以てなり

公民權《こうみんけん》を得るの要件《えうけん》ある以上は其要件を失《うしな》ふ者は又其權を喪《うしな》ふ可し(市制町村制第九條)即公民《こうみん》權《けん》は左の事件《じけん》と共《とも》に消滅《せうめつ》するものとす

一　國民籍《こくみんせき》を失《うしな》ふ事
二　公權《こうけん》を失《うしな》ふ事
三　市町村内《してうそんない》に住居《ぢうきよ》せさる事《こと》即住民權《ぢうみんけん》を失《うしな》ふ事
四　公費《こうひ》を以て救助《きうぢよ》を受《う》くる事
五　獨立《どくりつ》を失《うしな》ふ事即一戸《こ》を構《かま》ふることを止《とゞ》め又は治產《ちさん》の禁《きん》を受《う》くる事
六　市町村負擔《しちやうそんふたん》の分任を止《とゞ》むる事

七　市町村内の所有地《しよゆうち》を他人に讓《ゆづ》り又は直接國稅《ちよくせつこくぜい》二圓以上を納《をさ》めさる事

租《そ》稅滯納處分中《ぜいたいのうしよぶんちう》の者は公民權《こうみんけん》を喪失《さうしつ》するにあらすして停止《ていし》せらるゝものなり其他市制町村制《しせいてうそんせい》第九條第二項に記載《きさい》せる場合《ばあい》は總《すべ》て之に同《おな》し喪失《さうしつ》と停止との區別《くべつ》ハ停止の時《とき》ハ其權利を存《そん》して只《たゞ》法律《はふりつ》に定めたる事由《じゆう》の存する間《あひだ》之が執行《しつかう》を止《とゞ》むるに在《あ》り

公民權《こうみんけん》を有《いう》する者ハ一方《はう》に在てハ選擧被《けんきよひ》選擧の權利《けんり》を有し一方《はう》に在てハ市町村の代議《だいぎ》及行政《ぎやうせい》上の名譽職《めいよしよく》を擔任《たんにん》す可き義務を負《お》ふものとす此義務は渾《すべ》て法律上《はふりつじやう》の義務に於《お》けるか如く強制《がうせい》して之を履行《りこう》せしめさる可からさ固《もと》より直接に之を強制《がつせい》するを得《え》すと雖も故《ゆへ》なく名譽職《めいよしよく》を拒辭《きよじ》し退《たい》職《しよく》し又ハ實際執務《じつさいしつむ》せさる者を懲罰《ちやうばつ》するに公務《こうむ》に參與《さんよ》するの權を停止《ていし》し並《ならび》に市町村稅を增課《ぞうくわ》するの例《れい》なるも即間接《かんせつ》の裁制《さいせい》を存する所所《ゆゑん》なり（市制町村制第八條）

其裁制《さいせい》を行《おこな》ふの權は之を市町村會に付與《ふよ》し住民權《じうみんけん》公民權の有無《うむ》等《とう》に關《くわん》する爭論《さうろん》も亦《また》之を市町村《してうそん》會《くわい》の議決《ぎけつ》に任し（市制第三十五條町村制第三十七條）之に關《くわん》する訴願《そぐわん》ハ參事會の議決《ぎけつ》に付《ふ》し行政《ぎやうせい》裁判所《さいばんしよ》に出訴《しゆつそ》するを許《ゆる》して以て其權利を保護《はご》するは皆本制大体《みなほんせいだいたい》の精神《せいしん》より出つる所なり

第三欵　自主の權

自主《じしゆ》の權とは市町村等《してうそんとう》の自治体《じちたい》に於て其內部《ないぶ》の事務を整理《せいり》するか爲めに法規《はふき》を立《た》つるの權利を謂《い》ふ所謂《いはゆる》自治の義《ぎ》と混同《こんどう》す可からす自治とハ國《くに》の法律に遵依《じゆんい》し名譽職《めいよしよく》を以て事務を處理《しより》するを謂《い》ふ元來法規《ぐわんらいはふき》を立《た》つるは國權に屬《ぞく》するものなりと雖《いへど》も或《あ》る範圍內《はんゐない》に於て之を自治區《じちく》に付與《ふよ》する所以《ゆゑん》のものは一國の立法《りつはふ》權を以て周《あまね》く地方の情況《ぜうけう》を酌量《しやくりやう》し其特殊《とくしゆ》の需要《じゆよう》に應《おう》すること能《あた》はさるに因《よ》る固《もと》より市町村の法規《はふき》ハ其市町村の區域內《くいきない》に限《かぎ》り且國《かつくに》の法律を以て其自主權《じしゆけん》に任《にん》したる事《じ》件《けん》に限り效力《かうりよく》あるものとす其委任《ゐにん》の範圍《はんゐ》の如きは古來《こらい》の沿革及《えんかくおよび》人民政治上《せいぢじやう》の敎育《けいいく》の度《ど》に伴隨《はんずゐ》す可きものにして其範圍《はんゐ》の廣狹《くわうけう》に依《より》て利害の分《わか》るゝ所立法官《りつぱふくわん》たる者最《もつとも》愼《つゝし》まさる可からす今本邦各《いまほんぱうかく》

地方の情況を斟酌し自主の權を適實に施行す可きの望なきものハ法律を以て之を規定し或ハ法律を以て模範《もはん》を示《しめ》し猶《なほ》地方の情況に依《よ》り自主《じしゆ》の權を以て之を增減斟酌《そうげんしんしやく》するを許《ゆる》さんとす市町村《してうそん》の自主の權を以て設《まう》くる所の法規《はうき》ふ條例《でうれい》及規則《きそく》の別《べつ》あり規則とて市町村《してうそん》の營造物《えいざうぶつ》（瓦斯《がす》局《きよく》、水道《すゐだう》、病院《びやうゐん》の類《るゐ》）の組織《そしき》及其使用法《しようはふ》を規定《きてい》するものを謂《い》ひ條例《でうれい》とハ市町村の組織《そしき》又は市町村と其住民《ぢうみん》との關係《くわんけい》即市町村の組織中《そしきちう》に在《あり》て權利義務《けんりぎむ》を規定《きてい》するものを謂《い》ふ其法律命令《めいれい》に抵觸《ていしよく》するを得さるハ二者共ふ相同《あひおな》し但條例《たゞしでうれい》に在てハ此外《ほか》猶《なほ》制限あり即法律に明文《めいぶん》を掲《かゝ》けて特例《とくれい》を設《まう》くることを許《ゆる》し或《あるひ》ハ法律の明條《めいでう》なくして自主《じしゆ》の權《けん》を許《ゆる》したる場合《ばあひ》に限《かぎ》るものとす明文《めいぶん》を以て條例《でうれい》を設《まう》くることを許《ゆる》したる場合《ばあひ》を列擧《れつきよ》すれは市制に在てハ第十一條、第四十九條、第六十九條、第七十三條、第七十七條、第八十四條、第九十一條、第九十七條、第百二條、町村制に在てハ第十一條第十四條、第三十一條、第五十二條、第五十六條、第六十五條、第七十七條、第八十四條、第九十一條、第九十七條、第百二條、第百十四條とす其他《そのた》本制《ほんせい》に於て條例《でうれい》と謂《い》ハすして條例に均《ひと》しき規定《きてい》を許《ゆる》したる場合も亦少《またすくな》からす其條例と明言《めいげん》せさる所以《ゆゑん》は專《もつは》ら認可を要せさるに在り（市制第四十條、第四十八條、第六十條、町村制第四十二條、第五十條、第六十四條）條例規則《でうれいきそく》を新設改正《しんせつかいせい》するハ市町村會之を議決《ぎけつ》し（市制第三十一條第一、町村制第三十三條第一）市制第百二十一條第一及第百二十三條第一、町村制第百二十五條第一及第百二十七條第一に依り許可《きよか》を受《う》く可《べ》き者とす但《たゞし》町村制第三十一條及第百十四條に於《おい》てハ特例《とくれい》として之《これ》を郡參事會《ぐんさんじくわい》の議決《ぎけつ》ふ委任《ゐにん》せり是《これ》町村會ふ於て此議決《このぎけつ》を爲《な》すを得す又其議決の偏頗《へんぱ》に失《しつ》するの恐《おそれ》あるを以てなり又本制施行《はんせいしかう》の當初未《たうしよいま》た市町村會を召集《せうしふ》せらるゝ間《あひだ》に於て條例《でうれい》を以て規定《きてい》す可き事項《じかう》の處分法《しよぶんはふ》ハ市制第百二十八條及《およひ》町村制第百三十一條に依《よ》る其他《そのた》條例規則《でうれいきそく》を論《ろん》せす公布《こうふ》を竣《まつ》て初《はじ》めて他人に對《たい》して效力《かうりよく》を有《いう》するハ一般《はん》の法理《はふり》に照《てら》して疑《うたがひ》なき所なり

市制町村制《しせいちやうそんせい》第二章　市會町村會《しくわいてうそんくわい》

市町村ハ法人《はふじん》たる者なれは之ニ代《かはつ》て思想《しさう》を發露《はつろ》し之に代《かはつ》て業務《げふむ》を行《おこな》ふ所の機關《きくわん》なかる可らす其機關《きくわん》に代議《だいぎ》の機關《きくわん》と行政《げうせい》の機關《きくわん》との二者あり

代議《だいぎ》の機關《きくわん》とハ即市會町村會《そんくわい》にして其沿革《えんかく》の詳《つまびらか》なるを今姑《いましばら》く措《お》き往時《わうじ》町村の寄合《よりあひ》と稱《しやう》せしものゟ起《おこ》り維新後《ゐしんご》に至《いたつ》て府縣會と同《おな》じく各《かく》地方《ちはう》に町村會を開《ひら》きたり然《しか》れとも其法律《はふりつ》を以て制定《せいてい》したるは即明治十三年の區町村會法《くちやうそんくわいはふ》を創始《さうし》とし其後明治十七年の改正《かいせい》を經《へ》て今日ニ及《およ》へり然《しか》れとも其法律は會議《くわいぎ》の大則《たいそく》を定《さだ》めたるに過《す》きすして餘《よ》は之《これ》を各《かく》地方の適宜《てきぎ》定《さだ》むる所に任《まか》せたり又全國《ぜんこく》の町村盡《ことごと》く之を開設《かいせつ》するに非《あら》す小町村の如《ごと》き會議《くわいぎ》を設《まう》けさるも亦少《またすくな》しとせす今之《いまこれ》を改《あらた》めて會議の規則《きそく》を制定《せいてい》すと雖も猶多《なほた》少《せう》の酌量《しやくりやう》を地方に任《まか》せ且《かつ》小町村の如きハ代議會《だいぎくわい》を設《まう》けさるを許《ゆる》し代《か》ふるに選擧人《せんきよにん》の總會《そうくわい》を以てせり

第一款　組織《そしき》及選擧《せんきよ》

代議《だいぎ》機關《きくわん》は完全《くわんぜん》なる權利を有《ゆう》せる市町村民《してうそんみん》の選擧に出《い》つるものとす其組織《そしき》の方法に至《いたつ》てハ外國《ぐわいこく》の例《れい》を參考《さんこう》そるニ各多少《おのおのたせう》の異同《いどう》あり蓋國《けだしくに》の情況《じやうけう》に適合《てきがう》する完備《かんび》の法を立つるは易《やす》からさる所なりと雖《いへど》も今古來《いまこらい》の沿革時《えんかくじ》勢人情《せいにんじやう》を考察《かうさつ》し傍《かたは》ら外國の例《れい》を參酌《さんしやく》して以て其宜《よろしき》を制定《せいてい》す其要點《えうてん》左の如《ごと》し

一　選擧權《せんきよけん》

選擧權《せんきよけん》は素《もと》より完全《くわんぜん》なる權利を有《ゆう》する公民《こうみん》に限《かぎ》りて之を有《いう》す可し然《しか》るに此權利《けんり》を擴張《くわつてう》し特例《とくれい》として之《これ》を公民《こうみん》ならさる者に與《あた》ふることあり(市制町村制第十二條)是其人《これそのひと》の利害《りがい》に關する所最《もつと》も厚《あつ》く且《かつ》市町村税負《ぜいふ》擔《たん》の最重《もつともおも》きか故《ゆゑ》なり此點《このてん》ハ上に之を詳述《せうじゆつ》せり

二　被選擧權《せんきよけん》

被選舉權は選舉權を有する者ニ限りて之を有すへしと雖も其市町村の公民に非さる者ニ至ては假令《たとひ》選舉權《せんきよけん》を有するも被選舉權を有せす其他被《ひ》選舉權《けんきよけん》の要件を選舉權の要件に同《おなじ》くして別に之を與《あた》へさる制限《せいげん》を設《まう》けさるは適任《てきにん》の人物《じんぶつ》を選擇するの區域《くいき》を徒《いたづら》に減縮《げんしゆく》せさらんか爲《た》めなり被《ひ》選舉權《せんきよけん》を與《あた》へさる制限《せいげん》は或ハ外國《ぐわいこく》の例《れい》を參酌《さんしやく》して之を取《と》るものあり或ハ地方《ちはう》の情況《ぜうけう》に照《てら》して已《や》むを得さるものなり又本制《ほんせい》ニ於てハ無給《むきう》の市町村吏員《してうそんりゐん》に被選舉權を與《あた》へたり市町村《してうそん》の行政事務《ぎやうせいじむ》を掌《つかさど》る名譽《めいよ》職《しよく》を擔任《たんにん》し公共《こうけう》事務に從事《じうじ》する者を代議會《だいぎくわい》に加《くは》ふるを許《ゆる》すは穩當《おんたう》ならさるか如しと雖も地方《ちはう》に依《よ》りては多《おほ》く適任《てきにん》の人を得可《うべ》からざるを以てなり行政《ぎやうせい》と代議と最《もつとも》利害《かい》の抵觸《ていしよく》し易《やす》き場合に關しては市制《しせい》第三十八條、第四十三條、第六十六條、町村制《ちやうそんせい》第四十條、第四十五條、第百十三條等に於て豫《あらかじ》め之ニ處するの法を設《まう》けたり

三　選舉等級《せんきよとうきう》

本制《ほんせい》ニ於てハ納稅額《なふぜいがく》に依《よ》て選舉人の等級《とうきう》を立て選舉權を以《もつ》て市町村稅負擔《ふたん》の輕重《けいてう》に伴隨《はんずい》せしむ蓋《けだし》名譽職《めいよしよく》に任《にん》するハ町村公民の輕《かろ》からさる義務なれハ資產《しさん》ある者に非《あら》されは之に任《にん》すること能《あたは》す又其稅額《ぜいがく》の多寡《たくわ》ハ姑《しばら》く之を論せさるも其專《もつぱ》ら自治《じち》の義務を負擔《ふたん》する者ニ相當《さうたう》の權力を有《ゆう》せしむるは固《もと》より當然《たうぜん》の理《り》なり今《いま》等級選舉法を以て常例《じやうれい》とせるは即此要旨に外《ほか》ならず等級《とうきう》選舉の例《れい》ハ本邦《ほんはう》ニ於てハ創始《さうし》に屬《ぞく》すと雖《いへど》も之を外國の實例《じつれい》ニ照《てら》すに明《あきらか》に其良結果《れうけつくわ》あるを徵《てう》するに足る本制被選舉權《せいひせんきよけん》の資格《しかく》を廣《ひろ》くして而して其流弊《りうへい》なきを信《しん》する所以《ゆゑん》のものは即此選舉方《このせんきよはう》に依て以て細《さい》民《みん》の多數《たすう》に制《せい》せらるゝの弊《へい》を防《ふせ》ぐに足るへきを以てなり

各地方《かくちはう》の狀況《じやうけう》を見《み》るに都鄙《とひ》ニ依て貧富《ひんふ》と異《こと》にし地形に依て產業《さんぎう》に別あり故《ゆへ》に各地《かくち》に適する一定の稅額《ぜいがく》を設《もう》けて等級《とうきう》を分つことを得す又單《またたん》に土地《とち》の所有《しよゆう》を以て選舉權《せんきよけん》の標準《へうじゆん》と爲すことを得す是を以て等級法《とうきうはふ》を立てんと欲《ほつ》するには市町村内ニ於《おい》て徵收《てうしう》する市町村稅《ぜい》の總額《そうがく》を標準《へうじゆん》とし各自

納税額《のふぜいかく》の多寡《たくわ》に依て其順序《じゆんじよ》を定め等級《とうきふ》を立つるの外他《ほかた》に良法《れうはふ》なるを知らず然《しか》るに市ハ通して三級《きふ》とし町村は單《たん》に二級《きふ》とせるも市民は戶口《ことう》多く貧富《ひんふ》の階級《かいきふ》あること町村民の等差少《さすくな》きか如きに非ざるを以てなり（市制町村制第十三條）但《たゞし》町村にまて特別《とくべつ》の事情《じやう》あるものあり例《たと》へハ選擧人寡《くわ》少《せう》にして其稅額《ぜいかく》の等差《とうさ》も亦《また》少く或は一二の納税者《のふぜいしや》ありて非常《ひじやう》に多額《たかく》の稅を納《おさ》むるか或ハ大町村ふ於て其納税者《のふぜいしや》の等差《とうさ》極《きわ》めて甚《はなはだし》きの類《るゐ》にして二級選擧法《せんきよはふ》を適當《てきたう》とせざる塲合もある可し此塲合に於てハ町村條例《でうれい》を以て三級《きふ》選擧法を設《まう》くることもある可く或ハ等級《とうきふ》を設《まう》けず或も更《さら》に他の方法を立つることを得せしめんとせ尤二級若《きふもし》くハ三級《きふ》選擧法を以て常例《じやうれい》と爲すか故《ゆゑ》ふ不得止《やむをえざる》の事情ありて許可《きよか》を受くるに非されハ此特例《このとくれい》を設《まう》くることを得さる可し

被選擧人《ひせんきよ》ハ其區內級《きふ》內の者に限《かぎ》らすと爲せて（市制第十三條、第十四條、町村制第十三條）市町村會の議員《ぎゐん》ハ全《ぜん》市町村の代表者《だいへうしや》たるの原則《げんそく》より出つるものにして是亦實際《これまたじつさい》の便宜とする所なり

四　選擧《せんきよ》の手續《てつゞき》

選擧《せんきよ》の事務《じむ》たる其關《くわん》せる所輕《ところかろ》からさるを以て其細則《さいそく》に至るまて法律《はふりつ》を以て之を規定《きてい》するを要す其單《たん》ふ手續《てつゞき》に屬《ぞく》せる事項《じかう》と雖も力《つと》めて法律《はふりつ》に之を制定する所以のものは選擧《せんきよ》の公平確實《こうへいかくじつ》なることを保《は》し行政廳《ぎやうせいてう》の干涉《かんせう》を防《ふせ》き或ハ干涉《かんせう》の疑《うたがひ》を避《さ》けんか爲めなり其順序大略左《じゆんじよたいりやくさ》の如し

選擧《せんきよ》ハ通例《つうれい》三年每に之を行ふ之を定期《ていき》選擧とし議員《ぎゐん》の半數を改選《かいせん》す其半數を改選《かいせん》するハ事務に熟練《じゆくれん》せる議員《ぎゐん》を存續《そんぞく》せしめんか爲《ため》なり但解散《かいさん》の塲合ハ此《かく》の如《ごと》くするを得す又此法律施行《はふりつしかう》の當初ふ於て選擧《せんきよ》せられたる議員《ぎゐん》ハ初回《しよくわい》の改選に方り抽籤《ちうせん》を以て半數《はんすう》を退任《たいにん》せしむるに依り其半數て三年間在職《かんざいしよく》するものとす此二箇《このか》の塲合を除《のぞき》議員ハ總て六年間在職《ざいしよく》するものとす若し議員任《にん》期中に死亡《しばう》し若《もし》くは退職《たいしよく》するときハ直《たゞち》ふ補闕員《はけつゐん》を選擧し前任者《せんにんしや》の任期を襲《つ》かしめさる可からず之《これ》を補闕《はけつ》選擧とす然《しか》れとも屢《しばく》選擧を行《おこな》ふときハ其《その》煩に堪《た》へさるか故に補闕《ほけつ》選擧ハ定規《ていき》選擧を待《まつ》て

之と同時に行《おこな》ふを通例《つうれい》とす假令《たとひ》一二の闕員《けつゐん》あるも事務《じむ》に支障《ししやう》なかるへきを以てなり然《しか》れとも若《も》し多數《たすう》の議員《ぎゐん》退任《たいにん》する等已《や》むを得す補闕員《ほけつゐん》を選擧するの必要《ひつえう》あるときは市制町村制第十七條に於て之れか便法《べんはふ》を設《まう》く

選擧を爲《な》すの準備《じゆんび》に屬《ぞく》する事は之を行政機關《ぎやうせいきくわん》卽町村長若《も》くは市長及《および》市參事會に委任《ゐにん》せり然《しか》して其事務《じむ》は選擧の基礎《きそ》たる選擧名簿《めいぼ》を調製《てうせい》するを以て第一とす本制は所謂永續名簿《いはゆるえいぞくめいぼ》の法《はふ》に依《よ》らす選擧を行《おこな》ふ毎《ごと》に名簿《めいぼ》を新《あらた》にするの法を取《と》れり（市制町村制第十八條）其調製《てうせい》したる名簿《めいぼ》は選擧前《ぜん》數日間關係者《くわんけいしや》の縱覽《じうらん》に供《けう》し異議《ゐぎ》ある者は市町村長に申立《た》て又は訴願若《そぐわんもし》くは行政訴訟《ぎやうせいそしやう》の手續《てつゞき》（市制第三十五條、町村制第三十七條）を以《もつ》て誤《あやまり》を正《たゞ》す可き便利《べんり》を與《あた》へたり此名簿《めいぼ》の調製《てうせい》は選擧より數日前《すじつぜん》に終結《しうけつ》す可きか故《ゆゑ》に其結了《けつれう》の時《とき》に行《おこな》ひたる裁決《さいけつ》は之を執行《しつかう》す可しと雖《いへど》も各訴願《かくそぐわん》の確《かく》定終局《ていしうきよく》に至る迄《まで》荏苒《じんぜん》日を曠《むなし》くするを得す選擧の期日《きじつ》に至るも其訴願《そぐわん》に拘《かゝは》らす之を執行《しつかう》す若《も》し名《めい》簿《ぼ》に錯誤《さくご》あるか爲め選擧の無效《むかう》に歸《き》することあれは更《さら》に之を申立《た》つることを得《え》可《べ》し又被《またひ》選人當《たう》選《せん》を辭《じ》し或は選擧を無效《むかう》なりと斷定《だんてい》せられたる時《とき》と雖《いへど》も更《さら》に名簿《めいぼ》を調製《てうせい》するを要《えう》せす判決《はんけつ》に準《じゆん》據《きよ》して舊名簿《きうめいぼ》を訂正《ていせい》されたる上《うへ》之を用《もち》ふるものとし之《これ》か爲《た》めに更《さら》に關係人《くわんけいにん》の縱覽《じうらん》に供《けう》して正誤《せいご》申立の時間《じかん》を與《あた》ふるにあらす唯名簿《たゞめいぼ》全体《ぜんたい》の不正《ふせい》なるか爲め全《ぜん》選擧を無效《むかう》なりとなしたる時《とき》に至《いたつ》ては新簿《しんぼ》を調製《てうせい》すること已《や》むを得さるあり

選擧の期日《きじつ》は町村長市參事會之《これ》を定《さだ》む本制《ほんせい》に據《よ》れは選擧人を召喚《せうくわん》するには公告《こうこく》を以て足《た》りとすと雖も實際《じつさい》市町村の便宜《びんぎ》に依《よ》り各《かく》選擧人に對《たい》し特《とく》に召集狀《せうしうじやう》を送付《そうふ》することあるも妨《さまた》けなし其他投票《とうへう》時間を定《さだ》むるは市長町村長に任《にん》されたるを以《もつ》て市長町村長は選擧人の多寡及地形等《たくわおよびちけいとう》を參酌《さんしやく》して之を定《さだ》む可《べ》し

選擧事務の統轄《とうかつ》は之を自治《じち》の吏員《りゐん》に委任《ゐにん》し（市制町村制第二十條）監督《かんとく》官廳は特《とく》に之か監督《かんとく》を爲

す可きのみ（市制第二十八條、町村制第二十九條）而《しか》して選擧掛《せんきよがゝり》は集議體《しうぎたい》に編制《へんせい》せり選擧掛は選擧人代理者《だいりしや》の許否《きよひ》、投票《とうへう》の効力等《とうりよくら》直《たゞち》に之《これ》を裁決《さいけつ》せざるを得ずして此《かく》の如きは一個《こ》の吏員《りゐん》に委《ゐ》任《にん》することを得《え》さるを以てなり固《もと》より選擧掛に於て右等《みぎら》の事件《じけん》を議決《ぎけつ》すと雖《いへど》も後《のち》に至《いた》り選擧の無効《むかう》を申立つる者《もの》あるときは之《これ》を裁決《さいけつ》する官廳《くわんちやう》に於ては右議決《ぎけつ》に拘《かゝは》らす至當《したう》の裁決《さいけつ》を爲《な》す可きものとす

選擧會は選擧《せんきよ》人に取りても公會《こうくわい》なりと雖も（市制町村制第二十一條）其選擧《せんぎよ》は全く秘密投票《ひみつとうへう》の法を以てす即選擧《けんきよ》掛は勿論《もちろん》其他何人にても投票《とうへう》者に於て何人を選擧《せんきよ》せんとするかを知らしめさるものとす故に選擧の際《さい》は投票を用ひ票中《へうちう》に投票者の氏名《しめい》を記載《きさい》せす又之に調印《てういん》せしめす封緘して之を差《さし》出さしむ（市制町村制第二十二條、第二十三條）元來公選擧《くわんらいとう》と秘選擧との別あり其利害《りがい》得失《とくしつ》に就ては互《たがひ》に論《ろん》ありと雖も今特《いまこと》に地方自治區の選擧《せんきよ》に就て之を考《かんが》ふる町村の事情《じじやう》たる居民常に相密接《あひみつせつ》するものなれは選擧の自由を妨《さまた》けさらんか爲めに寧《むし》ろ秘密《ひみつ》選擧を以て良法《りやうはふ》と爲す而して選擧權《けん》を有《ゆう》せさる者の投票《とうへう》又は重複の投票を防《ふせ》かんか爲めには選擧人自《みづか》ら出頭《しゆつたう》するの例《れい》あり（市制町村制第二十四條）又名簿《めいぼ》に照《てら》して之を受くるの法《はふ》（市制町村制第廿二條）あり選擧人自《みづか》ら出頭《しゆつたう》して選擧を行ふの例を設《もう》くるは毫《かう》も撰擧の利害《りがい》に關《くわん》せさる輩《はい》の勸告《くわんこく》に依て之に投票を託《たく》せんとするか如き者を排除《はいぢよ》し選擧の自由《じゆう》を保護《はご》する所以なり但《たゞし》市制町村制第二十四條第二項に掲《かゝ》くるものは已《やむ》を得さるの特例《とくれい》なりとも選擧《せんきよ》を行ふに下級を先《さき》にし上級を後《あと》にするは（市制町村制第十九條）下級の選擧《けんきよ》人をして人を擇ふに充分《じうぶん》の區域《くゐき》を得せしめんが爲めなり而して先《ま》づ下級の選擧を了《おは》るの後に上級の選擧《せんきよ》に着手《しやくしゆ》せしむ可し是《これ》一人にして數《すう》級の選に當《あた》ることを防《ふせ》き且上級の者《もの》をして下級の選擧《せんきよ》に當らさる候補《こうほ》者を選擇することを得《え》せしむるものなり選擧《せんぎよ》の結果《けつくわ》を證《しやう》するか爲めに選擧錄《せんきよろく》を製《せい》するの例（市制第二十六條町村制第二十七條）あるは選擧《せんきよ》の

効力《かうりよく》を裁決《さいけつ》する證憑《しやうへう》を備《そな》へんか爲めなり

當選《たうせん》の認定《にんてい》は議員の選擧ふも比《ひ》較多數《かくたすう》の法を取り（市制第二十五條、町村制第二十六條）市町村《してうそん》吏員《りゐん》の選擧には過半數《くわはんすう》の法を用ふ（市制第四十四條、町村制第四十六條）元來總《ぐわんらいすべ》て過半數《くわはんすう》を以てするを正則《せいそく》とすれとも事宜《じぎ》を計《はか》りて便法《べんぱふ》を設《もう》けたるなり

選擧の効力《かうりよく》に關《くわん》し異議《いぎ》を申立つるの權利《けんり》は選擧人及市長《しちやう》町村長の外公益《こうえき》上よりして其効力を審《しん》査《さ》するか爲めふ郡《ぐん》長及府縣知事《ちじ》も亦此權利《けんり》を有《ゆう》す選擧人及市長町村長の異議《いぎ》ある者ハの裁決《さいけつ》に任《にん》し郡長府縣知事の異議《いぎ》あるものハ參事會《さんじくわい》の裁決《さいけつ》に任せ其郡參事會の裁決《さいけつ》ときは府縣參事會に訴願《そぐわん》することを得《う》其府縣參事會の裁決《ぎけつ》に不服《ふふく》あるときは行政することを得《う》るものとす是《こ》れ實《じつ》に利害《りがい》上《じやう》の爭《あら》ひにあらずして權利《けんり》の消長《しようちやう》に關すればなり（市制第二十八條、第三十五條、町村制第二十九條、第三十七條）

一旦《たん》選擧を有效《いうかう》と定《さだ》め或ハ其效力《こうりよく》に異議《ゐぎ》なくして經過《けいくわ》したる後《のち》と雖《いへど》も當《たう》選者被《ひ》選擧權《けん》の要件《えうけん》を選擧の當時《たうじ》ふ有《いう》せざりしことを發覺《はつかく》し或ハ其當時《たうじ》有したる要件《えうけん》を失《うしな》ふことある可し斯《か》る場合《ばあひ》に於てハ固《もと》より市制《しせい》第二十九條、町村制第三十條の結果《けつくわ》を生《しやう》ず可し其裁決《さいけつ》の手續《てつゞき》は市制《しせい》第三十五條、町村制第三十七條に據る

五　名譽職《めいよしよく》

市制《しせい》町村制《せい》第十六條、第二十條、第七十五條に依《よ》り名譽職《めいよしよく》を置《お》くも本制大体《ほんせいたいてい》の原則《げんそく》に出つるなり

第二款　職務權限及處務規程《しよくむけんげんおよびしよむきてい》

市會町村會ハ市町村の代表者《だいへうしや》なり其權限《そのけんげん》は市町村の事務《じむ》に止《とゞ》まり其他の事務ハ從來《じゆうらい》の委任《いにん》に依り又は將來法律勅令《ちよくれい》に依《よつ》て特《とく》に委任《ゐにん》する事項《じこう》に限《かぎ》りて參與《さんよ》するものとす若《も》し大政《たいせい》ニ論及《ろんきう》する等凡《およ》そ其界限《かいけん》を踰《こ》ゆるものは則《すなはち》法律ふ悖戻《はいるゐ》するものなれハ法律上の權力《けんりよく》を以て（市制第六十四

條第二項第一、第百二十條、町村制第六十八條第二項第一、第百二十四條)之を制せさるべからず其他《そのた》市制《しせい》第百十八條第百十九條、町村制第百二十二條、第百二十三條は皆市會町村會の怠慢《たいまん》を防《ばう》制《せい》するの權力《けんりよく》なりとす

市會町村會は代表機關《だいへうきくわん》と爲《な》すと雖《いへど》も(市制《しせい》第三十條、町村制第三十二條)外部《ぐわいぶ》に對《たい》して市町村を代表《だいへう》するは行政機關《げうせいきくわん》の任《にん》とす(市制《しせい》第六十四條第二項第七、町村制《せい》第六十八條第二項第七)卽市會町村會は專《もつぱ》ら行政機關《げうせいきくわん》に對《たい》して市町村を代表《だいへう》するものなり市制《しせい》第三十一條以下及び町村制第卅三條以下に列載《れつさい》したる職務《しよくむ》は皆《みな》此地位《ちゐ》に依《よつ》て生《せう》するものとす

一　市會町村會は條例規則《でうれいきそく》、歲計豫算《さいけいよさん》、決算報告《けつさんはうこく》、市町村稅賦課法及財產管理《およびざいさんくわんり》上の重要事件《ぢうえうじけん》等を議決《ぎけつ》す市制第百十八條、第百十九條、町村制第百二十二條、第百二十三條の場合《ばあひ》を除《のぞ》くの外行政機關《ほかげうせいきくわん》は議會の議決に依《よつ》て方針《はうしん》を取らさるを得す但《たゞし》其議決上司《じやうし》の許可《きよか》を得可きものは市制第百二十一條より第百二十三條に至《いた》り及《およ》び町村制第百二十五條より第百二十七條に至るの各條に依る

二　市會町村會の執行《しつかう》す可き選擧は載《の》せて市制第三十七條、第五十一條、第五十八條、第六十條、及び町村制第五十三條、第六十二條、第六十三條、第六十四條、第六十五條に在り

三　市會町村會は市町村の行務《ぎやうむ》を監査《かんさ》するの權利《けんり》を有《いう》し其監査《かんさ》の方法は書類《しよるゐ》及計算書《けいさんしよ》を撿閲《けんえつ》し町村長若《も》しくは市參事會に對《たい》して事務報告《じむはうこく》を要求《えうきう》するの類是《るゐ》なり此權利《けんり》に對《たい》して町村長若くは市參事會は之に應《おう》するの義務《ぎむ》あり若し市會町村會に於て意見《いけん》あるときは之を官廳《くわんちやう》に具狀《ぐじやう》することを得可し

四　會に於《おい》て官廳《くわんちやう》の諮問《しもん》を受くるときハ之に對《たい》して意見《いけん》を陳述《ちんじゆつ》するハ其義務《ぎむ》なりとす

五　其他市會町村會は或場合《あるばあひ》ふ於て公法上《こうはふじやう》の爭論《さうろん》に付始審《しゝん》の裁決を爲すの權あり（市制第三十五條、町村制第三十七條）

市會町村會の議員《ぎゐん》ハ其職務《しよくむ》を執行《しつかう》するに當ては法令を遵奉《じゆんぽう》し其範圍《はんゐ》内ふ於て不羈《ふき》の精神《せいしん》を以て事を評議《へうぎ》す可し決して選擧人《せんきよにん》の指示《しじ》若くは委囑《いぞく》を受く可きものにあらず（市制第卅六條、町村制第三十八條）是固《これもと》より法理《はふり》に於て明なる所なりと雖も議員《ぎゐん》の職務《しよくむ》を以て選擧人の委任《いにん》ふ出つるもの、如く視做《みな》し議員も選擧人の示《しめ》したる條件《でうけん》を恪遵も可きものと爲すの誤《あやまり》を來《きた》さゞらんか爲めふ特《とく》に其明文《めいぶん》を掲《かゝ》るなり」　處務規程《しよむきてい》は市制第卅七條より第四十七條ふ至《いだり》町村制第三十九條より第四十九條に至るの各條《かくでう》に於て之を設く此條規《でうき》は概《おほむ》ね說明《せつめい》を要せさる可し只玆《こゝ》に一言す可きは町村會ハ通例《つうれい》町村長若くハ其代理者《だいりしや》たる助役《じよやく》を以て議長《ぎちやう》とし（町村制第三十九條）市會《しくわい》ハ別に互選《ごせん》して議長を置く（市制第三十七條）此區別《このくべつ》を爲したる所以《ゆゑん》ハ町村ふ在てハ町村長及助役の外事《ほかじ》務に熟練《じゆくれん》する者多からすして殊《こと》ふ議長の任に堪《た》ふる者ハ概《おほむ》ね少く且一人一個の責任《せきにん》を以て行政《ぎやうせい》の全体《ぜんたい》ふ任する場合に於てハ成《な》る可く議員《ぎゐん》と密接《みつせつ》の關係《くわんけい》を有《いう》せしむること必要《ひつよう》なれハなり町村制第四十四條の場合《ばあひ》を除《のぞ》くの外町村長及助役《ぢよやく》にして議決《ぎけつ》權を有するハ其議員を兼《か》ぬる時に限《かぎ》る可し

市制《しせい》町村制第三章　市町村行政

代議と行政《ぎやうせい》とハ各別個《かくべつこ》の機關《きくわん》を設《まう》けさる可からさるハ已《すで》ふ之を記述《きじゆつ》したるか如し而して町村の行政は之を町村長一人に任《にん》し補助《ほぢよ》員即助役一名若くは數名《すめい》を置き以て之を補助《ほじよ》せしむ市に於て

ハ之を市參事會《しさんじくわい》に任《まか》せり市長《しちやう》は其會員の一人ふして其會の事務を統理《とうり》し外部《ぐわいぶ》に對《たい》して參事會を代表《だいへう》するの權を有《いう》す即《すなはち》町村は特任制《とくにんせい》を取《と》り市は集議制《しうぎせい》に依《よ》るものなり抑《そもそも》地方《ちはう》の自治行政《じちぎやうせい》には集《しう》議制《ぎせい》を以てせるに若《し》くものあらず然《しか》るに獨《ひと》り市に施《ほどこ》して之を町村に適用《てきよう》せざる所以《ゆゑん》のものは集《しう》議制《ぎせい》は特任制《とくにんせい》ふ比《ひ》し頗《すこぶ》る錯綜《さくそう》ふ渉《わた》るの弊《へい》あり而《しか》して小町村の行政は力《つと》めて簡易《かんい》の編制《へんせい》に依《よ》るを要《えう》せるを以《もつ》てなり且《かつ》集議制《しうぎせい》を行《おこな》ハんと欲すれも名譽職《めいよしよく》を以て行政に參與《さんよ》す可き適任者《てきにんしや》を多《おほ》く求《もと》めさるを得《え》ず而《しか》して此事たる今日の情況《せうけう》にてハ都會《とくわい》の地に非《あら》ざれは望《のぞ》む可からざればあり大町《だいてう》村《そん》ふ於ても亦《また》此集議制を施行《しかう》す可き必要《ひつえう》ありや否《いな》又《また》之を施行《しかう》し得可《えべ》きや否《いな》は姑《しばら》く將來《しやうらい》の變遷《へんせん》を俟《ま》て知る可きなり

本制《ほんせい》市町村《してうそん》行政の條規《でうき》ハ力《つと》めて活用《くわつよう》の區域を廣《ひろ》くし以て各地方の情況《せうけう》を斟酌《しんしやく》するの餘地《よち》あらしめんことを務《つと》めたり

町村長、助役《じよやく》、市參事會及《および》市長は皆是《みなこれ》市町村の機關《きくわん》にして國に直隷《ちよくれい》する機關にあらず是《これ》を以て此機關《きくわん》ふ屬《ぞく》する吏員《りゐん》ハ總《すべ》て市町村自《みづか》ら之を選任《せんにん》するを當然《たうぜん》とす是《これ》各國の通則《つうそく》にして其效益亦實際《こうえきまたじつさい》の經驗《けいけん》に著《あら》はるゝ所なれバ本制も亦之《またこれ》に倣《なら》へり（市制第五十一條、第五十八條、第五十九條、第六十條、第六十一條、町村制《てうそんせい》第五十三條、第六十二條、第六十三條、第六十四條、第六十五條）然《しか》れとも市町村は又國の一部分《ぶぶん》ふして市町村の行政ハ一般《ぱん》の施政《しせい》に關係《くわんけい》を及《およ》ぼし從つて國家《こくか》の利害ふ關《くわん》せさることなし且《か》つ市町村及其吏員《およびそのりゐん》に委任《ゐにん》するに國政に屬《ぞく》する事務を以てすることあり市制《しせい》第七十四條、町村制第六十九條の如き是《これ》なり市長の選任《せんにん》ハ市會より候補者《こうほしや》を推薦《すゐせん》し裁可《さいか》を求《もと》むるの例あるの如きも亦此理由《このりゆ》あるに依《よ》る（市制第五十條）但其選任《ただしそのせんにん》の例《れい》を異《こと》にすと雖《いへど》も市長は均《ひとし》く市の機關《きくわん》にして一の市吏員《しりゐん》なり法律上より其地位《ちゐ》を論ずる時ハ一面《めん》は市ふ屬《ぞく》し一面は國に隷《れい》す猶《なほ》町村長の町村《てうそん》と國《くに》とに兩屬するか如し此資格《このしかく》は選任《せんにん》の例を異《こと》にするか爲めに變更《へんかう》することなし其他樞要《すうえう》の市町村吏員《りゐん》即《すなは》ち町村長、市町村助役《じよやく》、收入役《しうにふやく》は監督官廳《かんとくくわんてう》の認可《にんか》を受けしめ其認可《にんか》を得《え》さるときは其選擧《せんきよ》は無效《むかう》に屬《ぞく》するか故に(市制第五十二條、第五十八條、町村制自第五十九條、至第六十一條)國《くに》の治安《ちあん》を保持《はぢ》せる上《うへ》に就《つひ》ては十分の權力《けんりよく》を有《いう》するを得可《うべ》し又之を認可《にんか》するよ方《あた》つて徒《いたづ》らに其活動《くわつどう》を牽制《けんせい》せさらんことを欲し認可《にんか》を拒《こば》むに一定《てい》の理由《りゆう》を示《しめ》さす其地の人情《にんぜう》と人物《じんぶつ》とを參酌《さんしやく》して其認可不認可を決《けつ》せるを得《え》せしめんとす其裁決《さいけつ》の權は專《もつぱ》ら地方分權の原則に準《じゆん》し之を郡長又は府縣知事《ふけんちじ》に委任《ゐにん》せり然《しか》れとも其公平《こうへい》を失《しつ》するの弊《へい》を防《ふせ》かんか爲め若《もし》くは偏私《へんし》の誹《そしり》を免《まぬか》れんか爲めに其認可《にんか》を拒《こば》まんとするときは郡《ぐん》參事會又は府縣參事會の同意《どうい》を得るを必《ひつ》要《えう》と爲《な》せり又已《すで》に官廳の認可《にんか》を受《う》けしむるの法《はふ》を設《まう》くるときは其結局《けつきよく》の處分《しよぶん》法なかる可からす卽其選擧《せんきよ》遂《つひ》に適任《てきにん》の人を得すして已《や》むを得さるときは官廳《くわんてう》より其代理者を特選《とくせん》し若《もし》くは官吏を派遣《はけん》して市町村の事務《じむ》を執《と》らしむる事を得可《うべ》し以上の例規《れいき》に依《よ》り市町村吏員の選擧《せんきよ》を以て之を市町村に委任《ゐにん》するも國の治安《ちあん》統一を保《たも》つことに於て憂《うれ》ふ可きの弊《へい》なきを信す

町村に於て吏員を選任《せんにん》するの權《けん》は之を町村會若くは總會《そうくわい》に委任《ゐにん》し唯使丁《たゞしてい》に限り之を町村長に委《ゐ》任《にん》し(町村制第五十三條、第六十二條、第六十三條、第六十四條、第六十五條)市に於ても之を市參《し》事會に委任《ゐにん》し參事會員委員及收入役《しうにふやく》の選定《せんてい》に限り之を市會に委任《ゐにん》せり(市制第五十一條、第五十八條、第五十九條、第六十條、第六十一條)

市町村の吏員《りゐん》を選任《せんにん》するに付ても固《もと》より法律《はふりつ》上の要件《えうけん》を恪守《かくしゆ》せさる可からす其要件《えうけん》は市制第五十五條第五十八條、第六十條、第六十一條、町村制第五十三條、第五十六條、第六十四條、第六十五條に在り其他の制限《せいげん》は刑法《けいはふ》等他の法律に存す

其他《た》市町村吏員《りゐん》組織《そしき》の大要《たいえう》は法律中に定むるものありと雖《いへど》も各地方情況《じやうきやう》を異《こと》にするを以て市町村の自主權に廣濶《くわうくわつ》なる餘地《よち》を與《あた》ふることを得可《うべ》く又之を與ふるを要せるなり

本制《ほんせい》に定むる市町村吏員は左の如し

一　町村長《てうそんちやう》

町村長ハ町村の統轄《とうかつ》者なり即《すなは》町村の名を以て委任《いにん》の強制權《がうせいけん》を報行《しつかう》せる者とせる強制權《がうせいけん》の幾部《いくぶ》分ハ既《すで》に町村制中に制定《せいてい》せりと雖も(例へハ町村制等百二條の類《るゐ》)多《おほ》くハ別法を以て之を設《もう》けさる可からず其他《た》町村長ハ町村の事務《じむ》を管理《かんり》するの任《にん》あり故に一方に在《あり》てハ町村に對《たい》して其執行《しつかう》の責任《せきにん》を帶《お》ひ一方に在ては法律《はうりつ》の範圍《はんゐ》内並《ないならび》官廳より其權限《けんげん》内にて發《はつ》したる命令の範圍《はんゐ》内に於て百般《はん》の事項《じこう》に涉《わた》り町村の幸福《かうふく》を增進《ぞうしん》し安寧《あんねい》を保護《はご》するを務《つと》めとす而《しか》して町村長に於て町村會の議決《けつ》に遵依《じゆんい》す可き程度《ていど》は町村制第三十三條以下《いか》に詳なり同條記載《きさい》の事件に就《つい》ては町村長は議會《ぎわい》の議決《ぎけつ》に依《よ》らずして之を施行《しかう》することを能《あた》はさる而己《のみ》ならず猶《なほ》其議事《ぎじ》を準備《じゆんび》し議決を執行《しつかう》するの義務あり故《ゆへ》に町村會に於て法律《はふりつ》に背戾《はいるい》することなく其權限《けんげん》内ふて議決《ぎけつ》したる事項《じかう》ハ假令《たとへ》町村のために不便《ふべん》ありと認《みと》むるも町村長ハ之を執行《しつかう》せさるを得す唯《たゞ》町村長其議決《ぎけつ》に對して大《おほい》に意見《いけん》を異《こと》ふし公衆《こうしう》の利益を害《がい》すと認《みと》むるときは町村制《てうそんせい》第六十八條第二項第一に從て議決《ぎけつ》の執行《しつかう》を停止《ていし》するの權を有《いう》す即之を停止《ていし》して郡參事會の裁決《さいけつ》を請《こ》ふことを得可《べ》し其法律命令《めいれい》に背《そむ》き又ハ權限《けんけん》を越ゆるものも亦《また》之に同《おな》じ尤《もつと》も僅《わづか》に利害《りがい》の見込《みこみ》を異《こと》にしたるのみにては未《いま》だ以て之《これ》を停止《ていし》するの理《り》由《ゆう》と爲《な》すに足《た》らず必《かなら》ず公益《こうえき》を損害《そんがい》すと認《みと》むる時《とき》に限るべし蓋公益《けだしこうえき》の爲《た》めに町村長をして此停《このてい》止《し》權《けん》を有《いう》せしむるハ或ハ之を濫用《らんよう》するの恐《おそれ》なきに非《あら》すと雖も今日町村治《こんにちてうそんぢ》の未《いま》た整備《せいび》せさるより考《かんが》ふるときは姑《しばら》く此例《このれい》を存するの已《や》むを得さるものなり又監督官廳《かんとくくわんてう》より町村長に停止《ていし》を命《めい》するハ國《くに》の利害《りがい》に關し已《や》むを得さるものふして監督官廳《かんとくくわんてう》も亦常《つね》に町村會議決《ぎけつ》の報告《ほうこく》を徵して其注意《ちうい》を怠《おこた》らさるべし其停止《ていし》權《けん》を濫用《らんよう》せるの弊《へい》は參事會の參與《さんよ》あるを以て自ら之を防制《ばうせい》することを得べし其行政裁判所《ぎやうせいさいばんしよ》へ出訴《しゆつそ》するの權を法律勅令ふ背戾《はいれい》し及權限を踰越《ゆゑつ》せるの塲合《ばあい》に限《かぎ》りたるハ行

政裁判所は專《もつは》ら法律上の爭論《そうろん》を判決《はんけつ》すべきものにして公益《こうえき》に關する事は一に利害《りがい》の爭《あらそひ》に過《す》ぎざれハなり郡《ぐん》參事會の裁決《さいけつ》に不服《ふふく》ある者《もの》ハ府縣參事會に訴願《そぐわん》し其府縣參事會の裁決《さいけつ》に不服《ふふく》ある者《もの》ハ行政《ぎやうせい》裁判所に出訴《しゆつそ》し若《もし》くは內務大臣に訴願するを得べき事町村制第《だい》百十九條《でう》及第百二十條の規定《きてい》に依《より》て明《あきらか》なり

其他《そのた》町村長の町村事務《じむ》ハ町村制《せい》第六十八條第二項《こう》より第九に列載《れつさい》したる條件に依《より》て明《あきら》かなり其各《かく》條件に關しては玆《こゝ》に說明《せつめい》を要《えう》せさるべし町村會の定額《ていがく》豫算《よさん》に關する職權に依《よつ》て町村長の權利に制限を加《くわ》ふる所以《ゆゑん》ハ第四章《しやう》に於て之を說明《せつめい》すべし又《また》町村會の議決《ぎけつ》町村制第百二十五條以《い》下《か》に從ひ官の許可《きよか》を受《う》くべきものハ之を受《う》くるの前《まへ》に施行《しかう》するを得さること固《もと》より言を俟《ま》たす且時宜《かつじぎ》に依《よ》りてハ監督官廳の懲戒《てうくわい》權を以《もつ》て之を強制《けうせい》するを得《う》べし

町村制第《だい》六十九條に列記《れつき》したる事務《じむ》に關しては町村長は全《まつた》く前述の場合《ばあひ》と異《こと》なりたる地位《ちゐ》を有《いう》するものとす已《すで》に前章に記述《きじゆつ》したる如く國《くに》は町村をして國政《こくせい》に關する事務《じむ》に參與せしむることある可《べ》し之《これ》を參與せしむるの法《はふ》にあり國政《こくせい》に屬《ぞく》する事務《じむ》を以《もつ》て町村に委任《ゐにん》し其自治《じち》權を以《もつ》て之を處辨せしむるものあり又其事務《またそのじむ》を町村に委任せすして直接《ちよくせつ》に町村長其他《そのた》町村の吏《り》員を指定《してい》して之《これ》を委任するものあり此區別《このくべつ》の緊要なる點ハ第《だい》一の例《れい》に據《よ》れハ斯《かゝ》る事件の議決《ぎけつ》も亦《また》町村會の職《しよく》權に歸《き》し町村長若《もし》くハ當該《たうがい》吏員は此《この》事件に關し町村會に對《たい》して責任を帶《おび》且常《かつつね》に其監視《かんし》を受《うく》るものとし第二の例《れい》に據《よ》れは町村長は直接《ちよくせつ》に官命《くわんめい》に依《よつ》て事務に從事《じゆうじ》し町村會と相關《あひくわん》せず此事務に關《くわん》する指揮命令《しきめいれい》ハ直《たゞち》に所屬官廳《しよぞくくわんちやう》より之れを受《う》け特《とく》に其官廳《くわんちやう》に對《たい》して責任《せきにん》を帶《お》ぶるものとす元來甲乙《ぐわんらいこうおつ》二例《れい》を比較《ひかう》するときハ互《たがひ》に得失《とくしつ》ありと雖も今日の情況《じやうきやう》に照《てら》し事務の擧行《きよかう》を期《き》するに付てハ乙法《おつはふ》を行ふに如かす故に本制は乙法《おつはふ》を採《と》りて之を第六十九條に明言《めいげん》せり但細則《たゞさいそく》に涉《わた》るものハ別法《べつはふ》に讓《ゆづ》らんとす且此乙法《かつこのおつはふ》を行《おこな》ふに至てハ其委任《ゐにん》の職務《しよくむ》に付き生《せう》ずる所の費用《ひよう》ハ何《いづ》れの負擔《ふたん》

なるかを明言《めいげん》せざるを得ず依《より》て同條末項《ばつこう》に之を掲《かゝ》く其他《そのた》町村固有《こいう》の事務《じむ》に要《えう》さる費用《ひよう》は町村の自《みづか》ら負擔《ふたん》すべきことを言《げん》を俟《ま》たずして明《あきらか》なり

二　町村助役《じよやく》

助役《じよやく》ハ各《かく》町村に一名を置《お》くを通例《つうれい》とす然《しか》れとも各《かく》地方の需要《じゆえう》に應《おう》して或は之を増加《ぞうか》す可きことあり之を町村條例《でうれい》の定《さだ》むる所に任《まか》せり（町村制第五十二條）助役《じよやく》の町村長に屬《ぞく》するは共《とも》に集議體《しうぎたい》を爲にあらす町村役場《やくば》の事務《じむ》ハ皆町村長の專決《せんけつ》に在り其責任《せきにん》も亦《また》町村長一人に屬《ぞく》す故《ゆゑ》に助役《じよやく》は其補助員《ほじよいん》ふして一に町村長の指揮《しき》ふ從《したが》ひ之を補佐《ほさ》するものとす唯《たゞ》町村長故障《こしやう》ありて之を代理《だいり》する場合《ばあひ》及委任《ゐにん》を受《う》けて事務を專任《せんにん》する場合《ばあひ》に限《かぎ》り自《みづか》ら其責任《せきにん》を負《お》ふものとす但《たゞし》事務を委任《いにん》さるにハ町村會の同意《どうい》を得《う》るを要《えう》し（町村制第七十條）其町村長に委任《ゐにん》の事務に係《かゝは》るときは監督《かんとく》官廳の許可《きよか》を受《う》くるを要《えう》す（町村制第六十九條）

三　市參事會《しさんじくわい》

市に於ては市長及《および》助役《じよやく》を置《お》く事町村の制《せい》に同《おなじ》くして別《べつ》に名譽職《めいよしよく》參事會員若干《そこばく》名を置《お》き合《あは》せて集《しう》議體《ぎたい》を組織《そしき》し之を市參事會とす是《これ》町村の制と異《こと》なる所《ところ》なり助役《じよやく》及名譽職《めいよしよく》參事會員の定員《ていゐん》は市制第四十九條に之を定《さだむ》と雖《いへど》も市《し》の情況《じやうけう》ふ依《よ》り増減《ぞうげん》を要《えう》する時は市條例《しでうれい》を以て之を増減《ぞうげん》するとを得可し（市制第四十九條）市長《しちやう》ハ一個《こ》の決議權《けつぎけん》を有《いう》し員數相半《いんずうあひなかば》する時は專決《せんけつ》するとを得此集議《しふぎ》會の職務《しよくむ》は全《まつた》く町村長の職務《しよくむ》と其例《れい》を同《おなじ》くす（市制第六十四條）其詳細《そのしやうさい》の説明《せつめい》は玆《こゝ》に要《えう》せさる可し其處務規程《しよむきてい》は本制ふ於て多《おほ》く設《まう》くるを要《えう》せす（市制自第六十五條至第六十八條）其細目《そのさいもく》に至ては内務省令《れい》を以て之を定《さだ》むるとある可し

市長ハ市の固有《こいう》の事務を處理《しより》すると委任《ゐにん》の事務を處理《しより》すると各別《かくべつ》段の地位《ちゐ》を占《し》むるものとす即ち市の固有《こいう》の事務に就《つい》ては參事會の議事《ぎじ》を統理《とうり》し之を準備《じゆんび》し議決《ぎけつ》を執行《しつかう》し時に臨《のぞん》ては議決の執《しつ》

行《かう》を停止《ていし》し（市制第六十五條）外部《ぐわいぶ》に對《たい》して市《し》を代表《だいへう》するものにして唯急施《たゞきふし》を要《えう》する場合《ばあひ》に限り議決《ぎけつ》を俟《ま》たすして專行《せんかう》することを得可し（市制第六十八條）然《しか》れ共市制《しせい》第七十四條に列載《れつさい》する委任《にん》の事務に就《つ》ては參事會の參與《さんよ》を受けすして專行《せんかう》するものとす此區別《このくべつ》あるは即ち前述《ぜんじゆつ》の乙法《おつはふ》を取《と》り之を市《し》に委任《ゐにん》せすして特《とく》に市長に委任《ゐにん》したるに依《よ》る

市助役《しじよやく》及其他の參事會員は會中に在《あつ》ては市長と同一の議權《ぎけん》を有すと雖《いへど》も議事外《ぎじぐわい》に在ては町村助役の町村長に於けると同《おなじ》く市長に對《たい》して補助員の地位《ちい》に在るものとす（市制第六十九條、第七十四條第二項）殊《こと》に都府《とふ》の地《ち》に於ては分業《ぶんげふ》の必要《ひつえう》なる可きを以て事務を分《わかち》て參事會員に專任《せんにん》せしむること最《もつと》も緊要《きんえう》なりとす此需用《じゆえう》に應《おう》せんか爲め本制《ほんせい》は之を市條例《でうれい》の適宜《てきぎ》定《さだ》むる所に讓《ゆづ》り（市制第六十九條第三項）以て各地方《かくちはう》の便《べん》に從《したが》はんとす

四　委員《ゐゐん》

委員を設《まう》くるは市町村人民をして自治《じち》の制に習熟《しうじゆく》せしめんか爲めに最効益《もつともかうえき》あり委員あるときは多數《たすう》の公民《こうみん》をして市町村の公益《こうえき》の爲《ため》に力を竭《つく》す事を得《え》せしめ自治《じち》の効用《かうよう》を擧《あ》くることを得可し何となれは市町村公民は特《ひと》り會議《くわいぎ》又は參事會に加《かは》はるのみならす委員《ゐゐん》の列《れつ》に入《い》りて市町村の行政に參與《さんよ》し之に依て自ら實務の經驗《けいけん》を積《つ》み能く施政の難易《なんい》を了知《りようち》することを得可し又地方の事情を表白《へうはく》するの機會《きくわい》を得て大に事務吏員《じむりゐん》の短處《たんしよ》を補《おぎな》ふことを得可し蓋《けだ》し委員は自治の制《せい》に於て緊要《きんえう》なる地位《ちゐ》を占《し》むるものにして本制施行《しかう》の際《さい》委員の設《せつ》けを促《うなが》して市町村公民をして之に參與《さんよ》せしめんことを務《つと》む可し委員の廢置《はいち》は固《もと》より市會町村會の決議《けつぎ》に在り其組織《そしき》及職務《しよくむ》は市町村條例《れい》の定《さだ》むる所に在りと雖も町村長及《および》市參事會は正系《せいけい》の行政機關《げうせいきくわん》にして委員は其一部分に參與《さんよ》するに過《す》きされは委員《ゐゐん》は町村長若《も》しくは市參事會に從屬《じうぞく》し概《おほむ》ね市長若《もし》くは町村長を以て委員長《ゐゐんちやう》と爲《な》し參事會員を以《もつ》て多《おほ》く之に加《くは》へ市會町村會議員《ぎゐん》も亦《また》成《なる》へく此委員《このゐゐん》に列《れつ》せしめんことを要《えう》す市會

町村會の議員《ぎゐん》にして行政《ぎやうせい》の事務に加《くは》れるときハ能《よ》く施政《しせい》の緩急利害《かんきふりがい》を辨識《べんしき》し行政吏員《りゐん》と互《たがひ》に協《けふ》同して事務を擔任《たんにん》するの慣習《くわんしう》を生じ自《みづか》ら代議《だいぎ》機關《きくわん》と行政機關との軋轢《あつれき》を防制《ばうせい》するヿを得可し

五　區長

區域廣濶《くゐきくわうくわつ》又ハ人口稠密《てうみつ》の地ハ施政《しせい》の便《べん》を計《はか》らんか爲め之を數區《すうく》ゟ分《わか》つの必要《ひつよう》ある可し故に本制《ほんせい》ハ市町村に區を劃設《かくせつ》することを許《ゆる》し之に區長《くちやう》及代理者《だいりしや》なる行政の機關《きくわん》を設置《せつち》せり此機關《きくわん》ハ其市町村の行政廳《ぎやうせい》に隷屬《れいぞく》するものにして其指揮命令《しきめいれい》を奉して事務を區內《くない》に執行《しつかう》するものとす其委任《ゐにん》事務の範圍《はんゐ》ハ土地《とち》の情況《じやうけう》と市町村行政廳《ぎやうせいちやう》の酌量《しやくりやう》に在るものにして豫《あらかじ》め之を定《さだ》めすと雖も區長ハ名譽職《めいよしよく》にして別《べつ》に區の附屬員《ふぞくゐん》なる者《もの》あるにあらされば（三府を除《のぞ》くの外《はか》）實際《じつさい》此事情《じじやう》を斟《しん》酌《しやく》せさる可らず要《えう》するに區ハ市町村內別に特立《とくりつ》したる一の自治体《じちたい》たるに非《あら》ず區長も亦《また》其固有《こいう》の職權《しよくけん》あるに非《あら》すして單《ひとへ》に町村長市參事會の事務《じむ》を補助執行《ほじよしつかう》するの便《べん》に供《その》ふるに過《す》きす故に區長《くちやう》は市町村の機關《きくわん》にして區の機關《きくわん》に非《あら》す區は法人の權利《けんり》を有《いう》せす、財產《ざいさん》を所有《しよいう》せず歲計豫算《さいけいよさん》を設《まう》けす又議會若《ぎくわいもし》くは其他の機關《きくわん》を存《そん》することあし蓋《けだし》區を設《まう》くるときハ施政《しせい》の周到《しうとう》なるを得可く一ハ市町村內の各部《かくぶ》に於て利害《りがい》の軋轢《あつれき》するを調和《てうくわ》し市町村費賦課《ひふくわ》の不平衡を矯《た》め又能《よ》く行政の勞費《らうひ》を節略《せつりやく》するを得可し要《えう》するに區長を設《まう》くるも更《さら》に自治の良元素《れうげんそ》を市町村制中に加《くは》ふるものにして舊制《きうせい》の伍長組長《ごちやうくみちやう》等の例《れい》を襲用《しふよう》せるなり但し從前《じうぜん》の區內に存《そん》する戶長の類と混《こん》す可からす又區にして從來固有《じうらいこいう》の財產《ざいさん》ある時の例《れい》ハ第五章の說明《せつめい》に詳述《せうじゆつ》す可し

六　其他の市町村吏員

以上市町村吏員《りゐん》の外收入役《はかしうにふやく》あり（市制第五十八條、町村制第六十二條）其職掌ハ市町村有財產《ざいさん》と連帶《れんたい》して說明《せつめい》す可し又書記其他技術《ぎじゆつ》上に要する吏員《りゐん》あり又使丁《してい》なる者《もの》あり機械的《きかいてき》に使用する者とす此等《これら》の吏員《りゐん》を置き相當の給料《きふれう》を與《あた》ふるハ市町村の義務《ぎむ》とす（市制第百十七條、町村制第百二

十一（續）

町村に於ては書記《しよき》其他の吏員《りゐん》を置き俸給《ほうきふ》を支出《ししゆつ》するの義務なりと雖も本制《ほんせい》は小町村の爲め一の便法《べんはふ》を設け町《まち》村長に一定の書記料《しよきれう》を給《きよ》して其便宜《べんぎ》に從ひ書記の事務《じむ》を保擔《ほたん》するを許《ゆる》さんとす此便法《べんはふ》を設《まう》け及其書記《しよき》料《れう》の額《がく》を定《さだ》むるは町村會の職權《しよくけん》に在《あ》る可きものとす（町村制第六十三條第一項）若《も》し町村長に於て其金額《きんかく》に不足ありと爲《な》すときは町村制第七十八條に依り之《これ》を郡參事會に申立《まうした》つることを得可し其他の細目《さいもく》は今之《いまこれ》を制定せず蓋《けだし》書記料を給與《きふよ》するときは町村長に於ては自《みづか》ら其事務費《じむひ》を節約《せつやく》するを得可し監督官廳《かんとくくわんちやう》も亦《また》能く是《これ》に注意《ちうゐ》し公務上支障《こうむじやうしやう》なき限《かぎ》りは町村に說《せつ》示《し》して繁雜《はんざつ》を省《はぶ》き冗費《ぜうひ》を減《げん》せんことを務《つと》めさる可からず要《えう》するに本制は分權《ぶんけん》の主義に依り名譽《めいよ》職《しよく》を設け從て從來《じうらい》の町村費を節減《せつげん》せんことを期《き》すと雖《いへど》も若し市町村に於て度外《どぐわい》の節約《せつやく》を行《おこな》ひ依て公益を害《がい》するに至らんとするときは監督官廳《かんとくくわんちやう》に於ては則ち之に干涉《かんせう》するの道《みち》あり市《し》は勿論《もちろん》其他大なる町村に於ては文化《ぶんくわ》の進《すゝ》むに從《したが》ひ高等《かうとう》の技術員《ぎじゆつゐん》（法律顧問《こもん》、土木《どぼく》工師《し》、建築技師《ぎし》、衞生技師《ゑいせいぎし》等の類《るゐ》）を使傭す可き必要《ひつえう》を生《せう》するに至る可し之を使用《しよう》するにも或は通常《つうじやう》雇入《やとひいれ》の契約《けいやく》を以てし或は市町村吏員《りゐん》と爲《な》すこともある可し又時宜《じぎ》に依《よ》り之を有給の助役《じよやく》として任用《にんよう》するの便《べん》なり本制は此件《けん》に關《くわん》しても全《まつた》く市町村の自由《じゆう》に任せんとす尤《もつとも》警察學事《けいさつがくじ》等《とう》の爲めに特別の人員を置《お》くに付ては別段《べつだん》の法規《はふき》を要《えう》す可しと雖《いへど》も皆《みな》是別法《べつはふ》を以て定《さだ》む可きものなり

市町村の公務《こうむ》に任《にん》する者は名譽職《めいよしよく》と專務職《せんむしよく》との二種に分《わか》つと雖も本制に於て主《しゆ》として名譽職《めいよしよく》を擴張《くわくちやう》したる理由《りゆう》は上に之を論述《ろんじゆつ》しさるか如し又本制に於て名譽職《めいよしよく》と爲《な》すへきことを規定《きてい》したる場合《ばあひ》に於ては市町村は必《かならず》之に遵依《じゆんゐ》す可し決して有給職《いうきふしよく》と爲すを得す然れとも小町村に於て名譽職《めいよしよく》に屬《ぞく》するものと雖も大市町村に在《あり》ては專務吏員《せんむりゐん》を置くを要《えう》することあり專務職《せんむしよく》とは特別《とくべつ》の技術《ぎじゆつ》若くは學問上《がくもんじやう》の養成《やうせい》を要《えう》する職務並事務《しよくむならびじむ》繁多《はんた》にして本業《ほんげふ》の餘暇《よか》を以て無給《むきふ》にて負擔《ふたん》せし

むること能《あた》はさる職務《しよくむ》なり此の如き職務《しよくむ》ハ有給吏員《いうきふりゐん》と爲《な》すを常例《じやうれい》と爲《な》せり此條例の範圍内《はんゐない》に於て市町村は自己《じこ》の便宜《べんぎ》ふ依《よ》り有給吏員若《も》しくハ無給吏員を置《お》く可《べ》きものとす
今《いま》本制に於ては市長市助役市町村收入役《しうにふやく》及《およひ》市町村附屬員《ふぞくゐん》使丁《してい》ハ皆專務吏員《せんむりゐん》と爲す可き者とす町村長町村助役ハ名譽職《めいよしよく》と爲《な》すを原則《げんそく》とすと雖も町村の情況《じやうけう》に依《より》て之を有給《いうきふ》の專職務《せんむしよく》と爲《な》すを得せしむ（町村制第五十五條第五十六條）市《し》參事會員《さんじくわいゐん》（市長助役を除《のぞ》く）委員《ゐゐん》區長ハ名譽職とす但《たゞし》三府の區長ハ有給吏員《いうきふりゐん》と爲《な》すことある可し
專務吏員《せんむりゐん》及《およひ》名譽職吏員ハ共《とも》に市町村吏員なり本制ふ於《おい》て其區別《くべつ》を爲《な》さゝるものは總《すべ》て此兩種《このりようしゆ》に適用《てきよう》するものとす又市町村吏員たる者《もの》も其何《そのいづ》れの種類《しゆるゐ》に屬《ぞく》するに拘《かゝは》らす法律に準據《じゆんきよ》して所屬《しよぞく》の官廳及市町村廳に對《たい》して從順《じうじゆん》なる可《べ》く均《ひと》しく懲戒法に服從《ふくじふ》せ可し其懲戒《ちようかい》を行《おこな》ふは町村長及市參事會（町村制第六十八條第二項第五、市制第六十四條第二項第五）及監督官廳（郡長、府縣知事）の任とす（町村制第百二十八條、市制第百二十四條）懲戒の罰として本制ハ左の三種を設く

一　譴責《けんせき》
二　過怠金《くわたいきん》
三　解職《かいしよく》

譴責《けんせき》又ハ過怠金《くわたいきん》に處《しよ》するは當該吏員《たうがいりゐん》の專決《せんけつ》ふ屬《ぞく》し其處分《しよぶん》ふ對《たい》する訴願《そぐわん》も均《ひと》しく當該吏員《たうがいりゐん》の裁決に任《にん》し其裁決《さいけつ》に不服《ふふく》ある者は行政《ぎやうせい》裁判所ふ出訴《しゆつそ》することを得《え》せしむ是專《もつぱ》ら懲戒權《ちようかいけん》の執行《しつかう》を嚴肅《げんしゆく》ならしむる所以《ゆゑん》なり獨《ひと》り解職《かいしよく》の處分《しよぶん》に對《たい》しては大に保護《ほご》を加《くわ》へさる可からず（但隨時解職《たゞしずゐじかいしよく》を得可き吏員《りゐん》は懲戒《ちようかい》裁判の法に依《よ》らす解職《かいしよく》するを得《え》せしむ）故に本制《ほんせい》は解職の理由《りゆう》を指定《してい》せるのみならす（但行狀《たゞしぎやうじやう》を紊亂《びんらん》し廉耻《れんち》を失《うしな》ふとハ公務上に止《とゞま》らす私行《しかう》に關する事も合蓄《がんちく》せるものなり）郡《ぐん》參事會《さんじくわい》府縣參事會なる集議体《しふぎたい》の裁決《さいけつ》ふ任《にん》せり（市制第百二十四條、町村制第百二十八條）

專務吏員《せんむりゐん》及名譽職吏員《めいよしよくりゐん》とも職務上大率《しよくむじやうおほむね》同一の權利義務を有《いう》すと雖も深《ふか》く其性質《せいしつ》に就《つい》て考《かんが》ふるときは互《たがひ》ふ相異《あひこと》なる所あり專務職《せんむしよく》を辭《じ》するは吏員《りゐん》の隨意《ずゐい》に在《あ》りと雖も名譽職《めいよしよく》ハ公民《こうみん》の義務として之れに應《おう》せさるを得さ其已《すで》に擔當《たんたう》したる職務を繼續《けいぞく》さるの義務あると否《いな》とに付《つい》ても亦此差別《またこのさべつ》あり(市制第八條、第五十五條、第三項、町村制第八條、第五十七條)又市制《しせい》第五十六條、第五十八條、及町村制《およびてうそんせい》第五十八條、第六十二條の制限《せいげん》の如きは專務吏員《せんむりゐん》ふ非《あら》されハ負擔《ふたん》せしむるとを得さ市制第五十九條、町村制第六十三條に記載《きさい》したる吏員《りゐん》は其任用《にんよう》の時此等《これら》の關係を約定《やくでう》するを可《か》とす有給職《いうきふしよく》に任用するふ其《その》市町村の公民さる者《もの》に限《かぎ》らさるも徒《いたづら》に選擇《せんたく》の區域《くゐき》を減縮《げんしゆく》せさらんか爲なりと雖も高等《かうとう》の有給《いうきふ》吏員には其職に就《つ》くと同時《どうじ》ふ其《その》市町村の公民權を付與《ふよ》すること當然《たうぜん》なり(市制第五十三條、第五十八條町村制第五十六條第二項)專務吏員《せんむりゐん》ハ一身の全力《ぜんりよく》を擧《あ》けて市町村の爲《ため》ふ盡《つく》す可《べ》きを以て相當《さうたう》の給料《きふれう》を受《う》くるハ元《もと》より至當《したう》なりと雖も名譽《めいよ》の爲めふ就職《しうしよく》する公民ふは給料《きふれう》を給《きふ》せす(市制町村制第七十五條)尤《もつとも》市町村の公務《こうむ》の爲めに要《えう》する實費《じつぴ》ハ之《これ》を辨償《べんしやう》せさるを得《え》す唯其《たゞその》名譽職の事務《じむ》頗《すこぶ》る繁忙《はんぼう》ふして本業を妨《さまたげ》らるゝときは多少《たせう》の報酬《ほうしう》を與《あた》ふるは當然なり其額《そのがく》は固《もと》より勤勞に相當《さうたう》せさる可《べ》からす此規則《このきそく》ハ町村長(町村制第五十五條第二項)は勿論《もちろん》町村助役《じよやく》及名譽職《めいよしよく》市參事會員にして市町村事務《じむ》を分任《ぶんにん》する者《もの》(市制第六十八條第二項、町村制第五十五條第二項)の爲《ため》に之を設《まう》く其報酬額《ほうしうがく》は市町村會之《これ》を議定《ぎてい》し(市制町村制第七十五條)其額《そのがく》に關する爭論《さうろん》ハ市制《しせい》町村制第七十八條に依て處分《しよぶん》し司法裁判《しはふさいばん》を求《もと》むるを許《ゆる》さす

有給《いうきふ》市町村吏員《りゐん》の財産上の要求《えうきう》は上《かみ》に記載《きさい》したる理由《りゆう》あるに依《よ》り其職重《しよくおも》けれハ從《したがつ》て其給料《きふれう》ふ關《くわん》して官廳《くわんてう》の干渉《かんせう》を要《えう》さることと多《おほ》しとす尤給料額《きふれうがく》は元來市町村の自《みづか》ら定《さだ》むる所《ところ》に任し條例《でうれい》を設《まう》けて之《これ》を一定《てい》し又ハ選任《せんにん》の前《まへ》に方《あたり》て議會《ぎくわい》の議決《ぎけつ》を以《もつ》て之《これ》を定《さだ》む可《べ》し然れとも監督官廳《かんとくくわんちやう》ハ斯《か》く市町村の定《さだ》むる給料《きふれう》を以て多《おほ》きに過《す》き又は不足《ふそく》ありと爲すときも認可《にんか》を拒《こば》み所屬《しよぞく》の參事會をして之

を断定《だんてい》せしむるの權利《けんり》あり有給《いうきふ》市町村吏員にも退隱料《たいいんれう》を給するを當然《たうぜん》とす然れ共市町村吏員に對《たい》して官吏《くわんり》の恩給令《おんきふれい》を適用《てきよう》することを得す是其地位《ちゐ》の異《こと》あるのみならす市町村吏員ハ定期《ていき》を以て選任せられ任期滿限《にんきまんげん》の後は再選《さい》若《もし》くは再任を受くるに非れハ其職《しよく》に在らさるを以《もつ》てあり若《も》し其吏員任期滿限後再《ごさい》選若《もし》くは再任《さい》せられさるときは遽《にわか》に糊口《ここう》の道《みち》を失《うしな》ふに至る可し故に此結《このけつ》果《くわ》を防《ふせ》くに非《あら》されハ一方に在ては有力《いうりき》の人進《すゝむ》て市町村の職に就《つ》くことを屑《いさぎよ》しとせさる可く一方に在てハ再《さい》選に依《よつ》て生計《せいけい》を求《もと》むるの如き輩《はい》をして常《つね》に市町村會の鼻息《はないき》を窺《うかゞ》ひ以て公益《こうえき》を忘《わす》れしむることとなしさせす加《くわ》ふるに市町村の職務《しよくむ》は昇等増給《しようとうぞうきふ》の途少《みちすくな》きを以て其退隱料《たいいんれう》を給《きふ》するは官吏より厚《あつ》くするを至當《したう》とす然れ共目下《もくか》一定《てい》の法律を以て之を定《さだ》めんよりは寧《むし》ろ市町村の條例《でうれい》を以て之を設定《せつてい》せしむるの便《べん》なるに若《し》かさるなり

有給《ゆうきふ》と無給とを論《ろん》せす凡市町村吏員の職務上《しよくむじやう》の収入《しうにふ》は市町村の負擔《ふたむ》たること疑《うたが》を容《い》れすと雖も之か明文《めいぶん》を揭《かゝ》くるを亦《また》無用《むよう》にあらさる可し（市制町村制第八十條）

市町村と吏員との間《あひだ》に起《おこ》る給料及退隱料《たいいんれう》の爭論《そう》は司法裁判《しはふ》に付せす市制町村制第七十八條に依て處分す可きなり其保護《ほご》は此方法を以て足《た》れりとす之に反《はん》して市長と國庫《こくこ》との間に起《おこ》る給料及退隱料の爭《さう》論は一般の法律規則《はふりつきそく》に據《より》て處分す可し

結局《けつきよく》に至て獨注意《なほちうい》す可きことあり抑《そも／＼》退隱料の規則《きそく》を設《まう》くるときは市町村の負擔《ふたん》を加重《かぢう》するの恐《おそれ》ありと雖も他國《たこく》の實驗《じつけむ》に據《よ》れは決《けつ》して多額《たかく》の負擔《ふ》を爲《な》すものにあらす市町村に於てハ多《おほ》くハ適《てき》用の吏員を再選《さい》し吏員も亦再選《またさい》を受《う》けさるときは必《かならむ》他の地位《ちい》を求めさる者あらさる可し故に實際《じつさい》退隱料を支出《しゆつ》するの場合《ばあひ》は甚《はなはだすくな》少かる可《べ》きなり又一方より論するときは市町村の盛衰《せいすい》ハ有爲の人材を得るの多少《たせう》に關し有爲の人材を得《う》ると得さるとは其生計《せいけい》安全ならしむると否《いなや》とに關するものにして市町村自治の權を得《う》るに於《おい》てハ退隱料負擔の如《ごと》きは之を重《おも》しと謂《い》ふ可からす況

や有給の町村長助役を設《まう》けざる町村に於《おい》ては此負《このふ》擔を受《う》くるの場合少《ばあひすくな》きに於てをや又《また》況や名譽《めいよ》職《しよく》を設《まう》くるに於ては行政《ぎやうせい》の費用《ひよう》大に減少《げんせう》す可きに於てをや蓋《けだし》市町村の繁榮《はんえい》は斯《かく》の如き法ありて始《はじ》めて將來《しやうらい》に期望《きばう》す可きなり

市制《しせい》町村制第四章　市町《してう》村有財產の管理《くわんり》

市町村に於《おい》て自《みづか》ら其事業《じげふ》を執行《しつかう》するに付ては必之《かならずこれ》に要《えう》する所の資金《しきん》なかる可《べか》らず故に各《かく》市町村固有《こゆう》の經濟《けいざい》を立て以て必要《ひつえう》の費用《ひよう》を支辨《しべん》するの道《みち》を設く可し則市町村は財產權《ざいさんけん》を有《いう》すること概《おほむ》ね一個人《こじん》と同一なり然れとも細《こまか》に觀察《くわんさつ》するときは其一個人又は私立組合《しりつくみあひ》の類《るい》と相異《こと》なるものは市町村の事業《じげふ》及支出《ししゆつ》の大半は法律《はふりつ》規則に依《よつ》て定まり市町村民に對《たい》して其義務として負擔《ふたん》せしむることを得《う》るの一點に在《あ》り蓋《けだし》市町村の經濟《けいざい》は之を汎《はん》論する時は一個人と同《どう》一の權利を有《いう》する者《もの》にして市町村は自《みづか》ら其經濟《そのけいざい》を管理するの專權ありと謂《い》ふ可《べ》し而《しか》して之《これ》に二樣《やう》の制限あり第《だい》一市《し》町村の資力《しりよく》は大に國家《こくか》の消長《せうちやう》に關係あるを以て政府《せいふ》も須《すべか》らく此點に注意《ちうゐ》せさる可からす第二政府《せいふ》は市町村の經濟《けいざい》を以て國《くに》の財政《ざいせい》に抵觸《ていしよく》せさらしめ之か爲《ため》めに國《くに》の財源を涸渇《こかつ》せさらんことを務《つと》めさる可からす故《ゆへ》に市町村の財政《ざいせい》を以て立法《りつはふ》の範圍に入《い》れ立法權を以《もつ》て市町村の財政に關する法規《はうき》を設《まう》けて之《これ》を恪遵せしむべき而已《のみ》ならす其經濟上《けいざいじやう》の處分苟《いやし》くも國の利害《りがい》に關渉するものは皆《みな》政府の許可《きよか》を得せしめんとす

以上《いじやう》の論點に關する規定《きてい》は市制《しせい》第四章及第六章幷《ならびに》町村制第四章及第七章に載《の》す抑《そも〳〵》町村制の經濟に對《たい》し政府《せいふ》の干渉する所の程度《ていど》は自治制度《じちせいど》を論《ろん》する者の視《み》る所に依《よつ》て各異《おの〳〵こと》なる所ある可しと雖も要《えう》するに市町村の行政《ぎやうせい》に對《たい》し官廳の監視を重して之を拘束《こうそく》するに過《す》くる時は其弊《へい》や遂《つい》に市町村の便宜を妨《さまた》け其自ら進て幸福《かうふく》を求《もと》むるの道《みち》を阻碍《そがい》するを免《まぬか》れさらんとす然れとも一方より見るときは自ら從來《じうらい》の慣行《くわんかう》ありて遽《にはか》に之を變し難《がた》きものあり故《ゆゑ》に漸を以《もつ》て市町村の自主《じしゆ》を擴張《くわうちやう》す

るを是《ぜ》なりとす此點《このてん》に於《おい》てハ本制も愼重《しんちやう》を加《くわ》へ今日の情勢に照《てら》して適度《てきど》を得《え》さらんとする所を以て制定《せいてい》せり

市町村の法人《ほふじん》たるハ已《すで》に法律の認《みと》むる所なれば市町村の財産を所有《しよいう》するの權利を有《いう》すべきこと固《もと》より疑《うたがひ》を容《い》れず而して市町村財産に二種《しゆ》の別《べつ》あり(甲)市町村の費用《ひよう》を支辨するの爲《た》めに消費《せうひ》するものあり例《たと》へは土地《とち》家屋《かおく》等《とう》の貸渡料《かしわたしれう》營業《えいげふ》の所得《しよとく》、市町村税及《およ》び手數料《てすうれう》等の如き是なり又基《き》本《ほん》財産と稱《しやう》するものあり基本財産ハ其入額《にふがく》を使用《しよう》するに止《とゞ》まり其原物を消耗《せうかう》せさるものとす蓋《けだし》此區別《このくべつ》を立つるは市町村の資力《しりよく》を維持《いぢ》するの爲めに極《きは》めて緊要なるものにして國家《こくか》ハ特《とく》に市町村の基本財産を保護《ほご》して其濫費《らんひ》を防《ふせ》かさる可《べ》からす且經常歳入《かつけいじやうさいにふ》の外《ほか》に臨時の收入例《しうにふれい》へは寄附《きふ》金穀《こく》の如きは成《なる》べく經常《けいじやう》歳費に充《み》てしめさるを要し唯《たゞ》寄附者《きふしや》に於て寄附金支出《しゆつ》の目的《もくてき》を定めたるか或も非常《ひじやう》の水害若《もし》くは凶荒《けうくわう》等《とう》の爲め經常《けいじやう》の收入《しうにう》を以て其費途《ひと》に充《み》つるに足らさるか如きの場合ハ之より別段《べつだん》なりと雖も是亦《これまた》上司の許可《きよか》を受くるを要すと爲《な》せハ其經濟上の處分を重する所以《ゆゑん》なり(市制第八十一條、第百二十三條第二、町市制第八十一條、第百二十七條第二)(乙)凡市町村の財産は市町村一般の爲《ため》に使用《しよう》するハ固《もと》より言《いふ》を俟《ま》たす故《ゆゑ》に特《とく》に之を法律に掲載《けいさい》するを要せすと雖も若《も》し住民中《ぢうみんちう》其財産に對して特別《とくべつ》の權利を有《いう》する者《もの》あるときハ自《みづか》ら其證明《せうめい》を立《た》つるの義《ぎ》務《む》あり即《すなは》ち民法上其證明《そのせうめい》を認《みと》むるに於てハ特別《とくべつ》の權利を有《いう》するものとし其證明なきものハ即《すなは》ち一般の使用權《しようけん》あるものとす(市制町村制第八十二條)

市町村の所有に屬《ぞく》する不動産《ふどうさん》の使用《しよう》を直接《ちよくせつ》に住民に許《ゆる》すハ從來の實例少《じつれいすくな》しとせす故《ゆゑ》に其舊慣あるものは特に之《これ》を存し今より後《のち》ハ概《がい》して新《あらた》に使用《しよう》を許《ゆる》すを禁せり(市制町村制第八十三條、第八十四條)又《また》一方に於ては使用權《しようけん》に相當《さうたう》する納税義務《ふぜいぎむ》を定《さだ》め(市制町村制第八十五條)且《かつ》條例に依り使用者《しようしや》より金圓を徵收《てうしう》することを許《ゆる》せり(市制町村制第八十四條)然《しか》れども其使用《しよう》を許《ゆる》したる物件《けん》ハ元來《ぐわんらい》市町村の所有物《しよいうぶつ》にして使用《しよう》の權利ハ市町村住民《ぢうみん》たる資格《しかく》に隨伴《ずゐはん》するものなれは市町村ハ固《もと》より使用權《しようけん》を制限《せいげん》し若《も》しくハ取上《とりあ》くるの權利なかる可らす（市制町村制第八十六條）但其議《たゞしそのぎ》决《けつ》も上司《じやうし》の許可《きよか》を受《う》くるを要《えう》すと爲《な》すは（市制第百二十三條第四　市町村第百二十七條第四）細民無產の徒《と》の不利《ふり》となる可《べ》きものを防《ふせ》かんか爲めなり之を要爲《えうする》に以上の規定《きてい》ハ市町村住民たる資格《しかく》に附隨《ふずゐ》する使用權《しようけん》にのみ用ふるものにして民法上の使用權《しようけん》にハ關係なきものとす蓋《けだし》此使用權《けん》ハ民法に據《よつ》て論定《ろんてい》すへきものにして其爭論《そうろん》も亦司法裁判所の判決《はんけつ》に屬《ぞく》すへきものとす而《しか》して前段《ぜんだん》の使用權《しようけん》に關する爭論《そうろん》は市制町村制第百五條ふ依《よつ》て處分《しよぶん》す可きなり

市町村財產の管理《くわんり》ハ町村長及《およ》ひ市參事會の擔任《たんにん》とす（町村制第六十八條、市制第六十四條）其管《くわん》理上市町村會の議决《ぎけつ》に依る可きハ町村制第三十三條、市制《しせい》第三十一條及市村町村制第八十七條等ふ於《おい》てし又上司《じやうし》の許可《きよか》を受《う》く可き條件は載《の》せて市制第百二十三條、町村制《てうそんせい》第百二十七條等に在《あ》り

市町村は其住民《そのぢうみん》をして市町村の爲《た》めに義務を盡《つく》さしむるの權利《けんり》なかる可《べ》からすして此權利《このけんり》なきときハ共同の目的《もくてき》を達《たつ》するとと能《あた》ハさるも上旣《かみすで》に之を論述《ろんじゆつ》せり其義務《ぎむ》の廣狹《くわうけう》は市町村事業の範《はん》圍《ゐ》に從はさる可《べ》からす其事業ハ全國の公益の爲めふ起るものあり或《あるひ》は一市町村局部《きよくぶ》の公益より生するものあり其全國《そのぜんこく》の公益《こうえき》に出《い》つるものハ軍事《ぐんじ》、警察《けいさつ》、敎育《けういく》等《とう》の類《るゐ》ふして是皆別《べつ》に規定《きてい》す可きものとす其局部《そのきよくぶ》の公益より生するもの即共同事務《けうどうじむ》は各地方の情況よ從て異同あれは玆に枚擧《まいきよ》をるふ暇《いとま》あらすと雖も農業經濟《のふげふけいざい》、交通事務《かうつうじむ》、衛生事務《ゑいせいじむ》等《とう》の如きは其最重要なるものとす之を要《えう》するに一市村町の公益上《こうえきじやう》に於て必要《ひつえう》なる事項は悉《こと〴〵》く共同事務に屬《ぞく》すへきなり本制に於て設けたる委《ゐ》任《にん》の國政事務《こくせいじむ》と固有《こいう》の事務即共同事務《けうどうじむ》との區別《くべつ》ハ專《もつぱ》ら市町村長の地位《ちゐ》の兩岐《りやうき》に分《わか》る、所にして且《かつ》市町村の必要事務《ひつえうじむ》と隨意事務《ずゐいじむ》との區別《くべつ》を立《た》つるの根據《こんきよ》となるものなり即此區別《このくべつ》ハ官權《くわんけん》の及《およ》ぶ

可き限界を立《た》つるに在《あ》りて必要《ひつえう》事務ハ監督官廳ヨ於て强制豫算《けうせいよさん》の權利（市制第百十八條、町村制第百二十二條）あるもの とす而《しか》して必要事務《ひつえうじむ》とは委任 の國政事務《じむ》ハ 勿論 共同事務《けうどうじむ》中《ちう》市町村の需要《ゆえう》に於て闕《か》く可《べ》からざるものに限《かぎ》り必要《ひつえう》事務と謂ふを得《う》可し市制 町村制第八十八條 の規定は實《じつ》に此《この》精神に出てたるものにして市制第百十八條《でう》町村制第百二十二條に云ふ所のものも亦同《おな》し此《かく》の如《ごと》き規定あるときは共同行政《けうどうぎやう》上の事件《じけん》ふ至るまて市町村の意向《かう》を顧《かへり》みすして負擔《ふたん》を受《う》けしむることを得從《うしたがつ》て官の監督權ハ重《おも》きに過《すぐ》るの恐《おそれ》ありと雖も一方《はう》より考ふるときハ全《まつた》く撿束《けんそく》を解《と》きて市町村の自由《じゆう》に任そるは却《かへつ》て將來の爲《た》め顧慮《こりよ》する所あり故《ゆへ》に市町村の公益上《こうえきじやう》己《や》むを得《え》さるものハ暫《しばら》く市町村會の意見ふ拘《かゝは》らす監督官廳の命令を以《もつ》て之を決行《けつかう》するの權利を存せさるを得《え》ず但其《たゞしその》處分ふ對しては上訴《じやうそ》を許《ゆる》したるを以《もつ》て專制の弊を免《まぬか》るゝを得べし其他《そのた》必要《ひつえう》の支出は本制市町村の組織《そしき》ふ關する條件中《でうけんちう》に含有《がんゆう》せり隨意《ずゐい》事務に就《つひ》ては市町村に十分の自由《じゆう》を與《あた》ふと雖も若《も》し過度《くわど》の負擔《ふたん》を爲すふ至てハ之を制《せい》するには市制第百二十三條第六、町村制第百二十七條第六の規定を適用《てきやう》するを得可し

市町村に於て其費途を支辨するか爲めに左の歲入あり

一 不《ふ》動產資《どうさんし》金營業《きんえいげふ》（瓦《が》斯局水道等《すきよくすゐだうとう》の類《るゐ》）の所得《しよとく》

二 市町村の金庫《きんこ》に收入《しうにふ》する過怠金科料《くわたいきんくわれう》（市制第四十八條第六十四條第二項第五、第九十一條、第百二十四條、町村制第五十條、第六十八條第二項第五、第九十一條、第百二十八條）

三 手數料《てすうれう》、使用料《しようれう》

四 市稅《しぜい》、町村稅

手數料《てすうれう》とハ市町村吏員の職務上《しよくむじやう》ふ於て一箇人の爲め特《とく》に手數を要するの爲め市町村に收入する

ものを謂《い》ひ使用料《しようれう》とハ一箇人に於て市町《してうそん》の營造物等《ゑいざうぶつとう》を使用するの爲め其料金《れうきん》を市町村に收入《しうにう》せるものを謂《い》ふ例《たと》へハ手數料《てすうれう》とて帳簿《ちやうぼ》記入又ハ警察事務《けいさつじむ》上に於て特《とく》に調査《てうさ》を爲すときの收入を謂《い》ひ使用料《しようれう》とハ道路《だうろ》錢橋錢等《せんけうせんとう》の類《るゐ》を謂《い》ふ

手數料《てすうれう》、使用料《しようれう》の額《がく》ハ法律勅令に定《さだ》むるもの、外《ほか》市町村會の議決《ぎけつ》を以て定むへきものなり(市制第三十一條第五、町村制第三十三條第五)尤《もつとも》市町村條例を以て一般《はん》の規定を設《まう》け(市制町村制第九十一條)其地《ち》の慣行《かんかう》に依り相當《さうたう》の手續《てつゞき》を以て公告《こうこく》すへきものとす

且《かつ》若し手數料《てすうりやう》使用料を新設《しんせつ》し又ハ舊來《きうらい》の額《がく》を增加《ぞうか》し又は其徵收《てうしう》の法を變更《へんかう》するときハ内務大藏兩大臣の許可《きよか》を受くるを要《えう》す(市制第百二十二條第二、町村制第百二十六條第二)但《たゞし》徵收《てうしう》の法を改《あらた》むることなくして唯《たゞ》其額を減《げん》するに過《す》ぎざるときは其許可《きよか》を受くるを要せす

手數料《てすうれう》を納《おさ》むるの義務あるは行政《ぎやうせい》上の手數を要《えう》する者にして使用料を納《おさ》むるの義務あるは營造《ゑいざう》物等《ぶつとう》を使用する者とす之を免除《めんぢよ》するは市制町村制第九十七條、第九十八條の場合《ばあひ》に限《かぎ》る可し第九十六條の場合《ばあひ》は町村の課税《くわぜい》を免除《めんぢよ》するに止《とゞ》まりて手數料、使用料等の事《こと》に及《およ》はさるなり

町村税に關《くわん》しては本制は成《な》るへく現行法《げんかうはふ》を存するの精神《せいしん》なり町村税を十分に改正《かいせい》せんとすれハ先《ま》つ國税徵收法《こくぜいてうしうはふ》を改正せさる可からず故《ゆへ》に本制に於ては現行《げんかう》の原則《げんそく》に依《よ》り多少の修補《しうほ》を加《くわ》へたるに過《す》ぎす現今《げんこん》町村費の賦課目《ふくわもく》即地價割《ちかわり》戸別割營業割等《こべつわりえいげふわりとう》の如き皆《みな》國税府縣税に附加《ふか》して徵收《てうしう》する者に外《ほか》ならす又或ハ特別《とくべつ》の町村税あり故《ゆへ》に本制に定むる所の課目《くわもく》は現行《げんかう》の課目を存するに於《おい》て妨《さまた》けなきものなり

附加税《ふかぜい》とは定率《ていりつ》を以て國税府縣税に附加《ふか》するものにして納税《のふぜい》の負《ふ》擔《たん》に偏輕偏重《へんけいへんてう》の患《うれい》なからしめん爲《た》めに其準率《じゆんりつ》を均一《きんいつ》にするを例則《れいそく》とせり(市制町村制第九十條)賦課法《ふくわはふ》を定むるは市町村會の職權《しよくけん》に屬《ぞく》す故《ゆへ》に市町村會は臨時《りんじ》の議決又ハ豫算議定《よさんぎてい》の際《さい》に之を議決すへきなり若《も》し此例則《れいそく》

の外《ほか》に於て課法《くわはう》を設《もう》れんと欲《ほつ》そるときは郡參事會《ぐんさんじくわい》（町村制第百二十七條第七）若《もし》くは府縣參事會（市制《しせい》第百二十三條第七）の許可《きよか》を受《う》くるを要《えう》そ

税率《ぜいりつ》の定限《ていげん》は豫《あらかじ》め之を設けすと雖も獨《ひと》り地租《ちそ》及直接國税《ちよくせつこくぜい》に於ては市制第百二十三條第三、町村制第百二十六條第三に定《さだ》めたる制限《せいげん》を越《こ》ゑんとするときは内務大藏両大臣の許可《きよか》を受《う》くるを要《えう》す是《こ》れ國庫《こくこ》の財源《ざいげん》に關係《くわんけい》する所あるを以てなり就中《なかんづく》地租《ちそ》の如きは從前《じうぜん》此定限《ていげん》を超過《てうくわ》そるを得《う》るは非常特別《ひじやうとくべつ》の場合《ばあい》に限れり而まて特別許可《とくべつきよか》の道《みち》を存《そん》せさるか如きは地方《ちはう》に依《よ》ては却《かへ》つて課税《くわぜい》の平均《へいきん》を得さるの弊《へい》あり是れ本制現行《げんこう》の例《れい》を移《うつ》して多少の便法《べんぱう》を開《ひら》きたる所以《ゆゑん》なり間接税《かんせつぜい》は概《がい》して市町村の附加税《ふかぜい》を課《くわ》するに便ならず故《ゆゑ》に市制第百二十二條第四及び町村制第百二十六條第四に從ひ準《ずん》て官の許可《きよか》を要《よう》すとせり各種國税《かくしゆこくぜい》府縣税の内《うち》何《いづ》れを直税《ちよくぜい》とし又何れを間税《くわんぜい》とす可きかは往々疑點《わうくぎてん》を生《せう》することあり此區別《このくべつ》に就《つい》ては今内務大藏両省の省令《せうれい》を以て之を定むること、せり（市制第百三十一條、町村制第百三十六條）

附加税《よかぜい》の特別税《とくべつぜい》に優《まさ》る所以《ゆゑん》のものは附加税《よかぜい》に在ては納税者《のうぜいしや》既に國税《こくぜい》又は府縣税の賦課《よくわ》を受くるを以て別《べつ》に其收益等《しうえきとう》の調査《てうさ》をなすを要《よう》せざるに在り唯《たゞ》其町村税は免除《めんじよ》せさるも國税府縣税《こくぜいよけんぜい》の賦課を受《う》けさる者（一箇人又は法人）に限《かぎ》り更《さら》に其調査《てうさ》を要す可きに付此場合《このばあひ》に於ては町村長若くは市參事會《しさんじくわい》に於て其國税府縣税徴收《てうしう》の規則《きそく》に據《よ》り其調査《てうさ》を爲《な》さゝる可《べ》からず

特別税《とくべつぜい》は市制町村制第九十一條に從ひ條例《れい》を以て之を規定《きてい》せさる可からず此點《このてん》に於ては既に手數料《すうれう》に就《つい》て說明しさる所に同し但《たゞし》特別税は市町村必要《ひつえう》の費用を支辨《しべん》するに附加税《ふかぜい》を以てし猶《なほ》足らさるときに限り始めて之を徴收《てうしう》するものとす（市制町村制第九十條）

市町村税を納むるの義務《ぎむ》を負擔《ふたん》する者に就《つい》ては一箇人と法人《はふじん》とを區別《くべつ》せさる可からす即ち左の如《ごと》し

九十四

甲《かふ》．　一個人《いつこじん》

凡《およ》そ納税義務《のふぜいぎむ》ハ市町村の住民籍《じうみんせき》に原《もとづ》くものとす（市制町村制第六條第二項）故《ゆへ》に此義務《このぎむ》は市町村内に住居《じうきよ》を定むると同時《どうじ》に起《おこ》るものなり故に一旦住居《たんじうきよ》を定《さだ》めたる者ハ時々《じゞ》他《た》の市町村に滞在《たいざい》することありと雖《いへど》も納税義務を免《まぬか》る可きに非《あら》ず若し之に反《はん》して住居《じうきよ》を定めずして一時滞在《たいざい》するに止《とゞ》まる者ハ未《いま》た此義務を帯《お》びず唯《たゞ》三ヶ月以上滞在《たいざい》するときは住居《じうきよ》を占《し》むると同く納税《のふぜい》の義務を生《せう》するものとす（市制町村制第九十二條）又假令《たと》ひ市町村内に住居若《じうきよもし》くは滞在《たいざい》せすと雖も其市町村内に土地《とち》家屋《かおく》を所有《しよゆう》し又ハ店舗《てんぽ》を定めて營業《えいげふ》を爲す者ハ均《ひと》しく其市町村の利益《りえき》を蒙《こふむ》るに依《よ》り共《とも》に納税《のふぜい》の義務ありとも但此義務《たゞしこのぎむ》は一般《いつぱん》の負擔《ふたん》に渉《わた》らすして唯《たゞ》其土地《とち》家屋營業《かおくえいげふ》若くは是より生する所得《しよとく》に賦課《ふくわ》す可き市町村税に限《かぎ》りて負擔《ふたん》の義務あるものとす（市制町村制第九十三條）住居《じうきよ》と滞在《たいざい》とは常《つね》に必《かなら》ず同一に歸《き》せさるを以て或《あるひ》は重複《ぢうふく》の課税《くわぜい》を受くるの患《うれひ》なしとせず此弊害《このへいがい》を防《ふさ》くか爲めにハ則ち市制町村制第九十四條、第九十五條の規定《きてい》あり他國《たこく》に於てハ往々住居《わう〳〵じうきよ》を定《さだ》むる市町村に特權《とくけん》を與《あた》ふるの例《れい》ありと雖も本制ハ特《とく》に此例に傚《なら》はす要《えう》するに此の如きハ皆施《みなし》行規《かうき》則《そく》中に適宜《てきぎ》の便法《べんはふ》を定む可きことゝせる市町村税《ぜい》の免除《めんじよ》を受《う》くるハ市制町村制第九十六條及《およ》び第九十八條に掲載《けいさい》したる人員《じんゐん》に限《かぎ》れり

乙《おつ》　法人《はふじん》

法人《はふじん》は市制町村制第九十三條に從《したが》ひ唯其《たゞその》所有の土地家屋《とちかおく》若《もし》くは之に依《よつ》て生《せう》する所得《しよとく》に賦課《ふくわ》する市町村税《ぜい》に限《かぎ》り納税《のふぜい》す可きものとす抑《そも〳〵》法人とハ政府《せいふ》、府縣《ふけん》（郡《ぐん》も亦郡制々定《またぐんせいくてい》の上ハ法人と爲《な》すの見込《みこみ》なり）市町村公共組合《こうきやうくみあひ》（例《たと》へは水利土功《すいりどこう》の組合、社寺宗教《しやじしうけう》の組合の類《るゐ》）慈善協會《じぜんけうくわい》、其他民法《みんはふ》及商法《せうはふ》に從ひ法人たる權利を有《いう》し可き私法上《しはふじやう》の結社《けつしや》を謂《い》ふ其私法《しはふ》上の結社は市制《しせい》町村制第九十七條の免税《めんぜい》の部《ぶ》に入れず又官設《くわんせつ》の鐵道電信《てつだうでんしん》の如きハ官の營業《えいげう》に屬《ぞく》すと雖も是等《これら》ハ特《とく》に國家の公益《こうえき》

の為《ため》に免税《めんぜい》とす(市制町村制第九十三條)私《し》設鐵道《せつてつだう》に至ては各《かく》市町村に於て其收益を調査する頗る難《かた》きを以て施行《しかう》規則《きそく》中に於て詳《つまびらか》に之を規定《きてい》するを要《えう》す

凡《およ》そ納税《のうぜい》義務者に課税《くわぜい》するは總《すべ》て平等《べうどう》なる可きなり唯《たゞ》市制町村制第八十五條は此例外《このれいぐわい》として使《し》用《よう》の土地《とち》物件に係《かゝ》る費用《ひよう》を其使用者に課《くわ》せり又一市町村の數部《すうぶ》若《もし》くは數區《すうく》に分《わか》れたるとき其一部《ぶ》一區《く》の專用《せんよう》に屬する營造物《えいざうぶつ》の費用《ひよう》は其一部一區の負擔《ふたん》とせり(市制町村制第九十九條第二項)尤《もつとも》其一部一區に特別《とくべつ》の財産《ざいさん》あるときは先つ其收入《しうにう》を以て其費用に充《み》て猶《なほ》足らざる時特別《とくべつ》に其一部《ぶ》一區の人民《じんみん》に課税《くわぜい》し又は一般《はんせん》全市町村税中に區別《くべつ》を立《た》て其準率《じゆんりつ》を高《たか》くせ可し之に反《はん》して第九十九條第一項の場合《ばあひ》に於て數個《すうこ》人《じん》の專用《せんよう》に屬する營造物《えいざうぶつ》の費用は必其數箇《すうこ》人《じん》の負擔《ふたん》とし之を他人に賦課《ふくわ》することを得さるものとす但市町村税《たゞしてうそんぜい》は總《すべ》ての納税《のうぜい》義務者と平等《べうどう》に賦課《ふくわ》するを以て例則と為《な》すか故《ゆへ》に若《も》し此例則に違《たが》はんとするときは官の許可《きよか》を受くるを要《えう》す(市制第百二十三條第八、町村制第百二十七條第八)

各納税者《かくのうぜいしや》の税額《がく》を查定《さてい》するは法律規則に依《よ》り市制町村制第百條の規定《きてい》に從《したが》ひ町村長(町村制第六十八條第八)及市參事會《しさんじくわい》(市制第六十四條第八)の擔任《たんにん》とす大《おほ》なる町村及市《およびし》に於ては之か為免專務《せんむ》の委員《いゐん》を設《まう》くるを便宜《べんぎ》とす

社會經濟法《しやくわいけいざいはう》の稍《やゝ》進歩《しんぽ》したる今日に在《あつ》ては舊時《きうじ》の夫役現品《ぶやくげんぴん》に代《か》へて金納法《きんのうはう》を行ふに至《いた》れり然れとも町村費《ひ》の課出《くわしゆつ》に於ては夫役現品《ぶやくげんぴん》の法を存《そん》するは特《とく》に必要《ひつえう》なるのみならす往々便利《わうわうべんり》なるものあり且古來《かつこらい》の慣行《くわんこう》今日に傳《つた》ふる者其例少《れいすくな》からす夫役賦課《ぶやくふくわ》は專ら道路、河溝《かこう》、堤防《ていばう》の修築防火水《しうちくばうくわすい》又は學校《がくこう》、病院の修繕等《しうぜんとう》の為めに行ふものなり殊《こと》に村落《そんらく》に在ては農隙《のうげき》の時を以て夫役《ぶやく》を課《くわ》するときは租税《そぜい》の負荷《ふか》を輕減《けいげん》せんか為めに大に便益《べんえき》とする所あり農民《のうみん》の如きは季節《きせつ》に依《よ》り夫役に應《おう》するを得るの間隙《かんげき》あると市民と其趣《おもむき》を異《こと》にす且地《かつち》方道路《はうだうろ》の開通《かいつう》を要するもの將來《せうらい》必少からざる可きを以て夫役賦課の法《はふ》を存《そん》するときハ幾許《いくばく》か市町村の負擔《ふたん》を輕減《けいげん》するの效《かう》あることを必《ひつ》せり依て市制町村制第百一條に於《おい》て市町村に許《ゆる》すに夫役課賦の法《はふ》を以てせり但此點《たゞしこのてん》に於てハ今日の經濟《けいざい》に適應《てきおう》せしめんか爲め本制《ほんせい》ハ本人自《みづから》其役《そのやく》ニ從事すると適當《てきたう》の代理《だいり》者《しや》を出し又ハ金額《きんかく》を納むるとを以て義務《ぎむ》者《しや》の選擇《せんたく》ニ任《まか》せり其金額《きんかく》に算出《さんしゆつ》するは其地の日雇賃《ひようちん》に準《じゆん》し日數《にすう》を以て等差《とうさ》を立つるを通例《つうれい》とす唯火災水害《たゞくわさいすゐがい》等の如き急迫《きふはく》の場合に於ては金納《きんのふ》を禁《きん》ずることを得可しと雖も代人を出すは本人の隨意《ずいゐ》に在《あ》るものとす

夫役《ふやく》ハ總《すべ》て市町村税を納《おさ》む可き者に賦課《ふくわ》し其多寡《たくわ》ハ直接《ちよくせつ》市町村税の納額に準《じゆん》するものとす若し此準率《このじゆんりつ》に依《よ》らさるときは郡參事會《ぐんさんじくわい》（町村制第百二十七條第九）及府縣參事會《ふけんさんじくわい》（市制第百二十二條第九）の許可《きよか》を受くることを要す此場合《このばあひ》の外《ほか》は總《すべ》て市町村限り許可《きよか》を受けすして之を賦課《ふくわ》することを得可し

一般《はん》ニ夫役を賦課《ふくわ》すると賦課《ふくわ》せさると及夫役の種類《しゆるゐ》幷範圍《はんゐ》を定むるは市町村會の職權《しよくけん》（市制第三十一條第五町村制第三十三條第五）に屬《ぞく》し之を各個人《かくこにん》に割賦《くわつふ》することハ町村長（町村制第六十八條第八）及市參事會（市制第六十四條第八）の擔任《たんにん》とす

以上市町村の收入は皆公法上《みなこうはふじやう》の收入に屬爲者《ぞくするもの》にして其徴收《ちようしう》は市制町村制第百二條より第百五條に準據《じゆんきよ》す可《べ》き者とす而して其賦課徴收《ふくわちようしう》上の不服《ふふく》は司法裁判所に提出爲《ていしゆつする》を許《ゆる》さす郡參事會府縣參事會の裁決を經《へ》て結局《けつきよく》の裁決《さいけつ》は行政裁判所《さいはんしよ》に屬《ぞく》す此公法上の收入《しうにふ》ハ私法《しはふ》上の收入と相混同《あひこんどう》す可からす例へハ市町村有《いう》の地所《ちしよ》を一個人に貸渡《かしわた》したる時其借地料《しやくちれう》は民法《みんはふ》及訴訟法《そせうはふ》に準據《じゆんきよ》して徴收す可きなり將來《しやうらい》市町村の事業漸《じげふやうや》く發達《はつたつ》するに從ひ經常の歳入《さいにふ》を以て支辨《しべん》すると能《あた》はさる所の大事業《だいじげふ》の起る可きハ勢の免《まぬか》れさる所也然《なりしかれ》とも豫め其費用《ひよう》に備《そなへ》んか爲め資本《しほん》を蓄積《ちくせき》せんとする事も亦極《またきは》めて難《かた》かる可し故ニ經常歳入《けいじやうさいにふ》を以て支《さゝ》へ能はさる所の需要《じゆえう》に應《おう》せんと欲《はつ》すれは市町村をして

豫《あらかじ》め將來《せうらい》の歳入を使用《しよう》することを得せしむるの道《みち》を開《ひら》くの外なかる可し卽公債募集《こうさいぼしう》の方法《はうく》是なり抑公債募集《そもくこうさいぼしよ》の利益《りえき》は收入時期《しうたよ》の未《いま》た到來《とうらい》せさるに先て豫《あらかじ》め歳入《さいにふ》を使用して以て町村住民の爲めに大事業《げふ》を起《おこ》し其經濟《けいざい》及納稅力《のふぜい》を奬誘《せうゆう》し且以て納稅者の負擔《ふたん》を輕減《けいげん》するに在るなり公債の事たる利益《りえき》の在る所斯《かく》の如しと雖之に伴ふ所の弊害《へいがい》も亦自ら免《まぬか》れさるものあり若し市町村に於て此方法に依《よ》り豫《あらかじ》め將來《せうらい》の歳入を使用《しよう》する時は則其元利償却《ぐわんりせうきやく》に充《み》つる所の金額《きんがく》は將來の歳入中より減却《げんきやく》せるものなれは負債額《ふさいがく》の多寡《たくわ》と償還《せうかん》期限の長短《たん》とに從ひ市町村の財政《さいせい》に影響《けいきやう》せる所少からす若し又市町村會に於ても資本の得易《ゑやす》きか爲めに輕忽《けいこつ》に其市町村の實力《じつりよく》に相當せさる事業を起《おこ》さの傾向を爲し又は今日に負擔《ふたん》す可きの義務《ぎむ》を漫《みた》りに後年に傳《つた》へんとするの弊害《へいがい》なきこと能はす是最《もつと》も行政官《げうせい》の注意《ちうい》す可き所にして市制第百六條、第百二十二條、第一及町村制第百六條、第百二十六條、第一の規定《きてい》あるは以上の論旨《ろんし》に起因《きゐん》せるものとす

本制は公債募集《こうさいぼしよ》の事項を逐一列擧《ちくいちれつきよ》せす唯已むを得さるの必要《ひつえう》若くは永久の利益《りえき》と云ふを以て之れか制限《せいげん》を立てたり若し此制限《せいげん》に適合《てきがふ》するの證明《せうめい》なきものは許可《きよか》を與《あた》ふ可からす若し其償還期限三年以内にして許可《きよか》を要《えう》せさるものは町村制第六十八條第一及市制第六十四條第一に依《よつ》て相當の處分《しよぶん》を爲す可きなり其必要《ひつえう》已むを得さるの支出《しゆつ》とは舊債《きうさい》を償還《しやうかん》し又は傳染《でんせん》病流行若くは水《すい》害《がい》等不慮《ふりよ》の災厄《わざはひ》に遭遇《さうぐう》して一時の窮《きう》を救《すく》はんとするとき又は學校を開設《かいせつ》し道路を修築《しうちく》する等法律上の義務《ぎむ》を盡《つく》さんとせるか如き場合《ばあひ》を謂ひ永久の利益《りえき》となる可き支出とは市町村の力に堪《た》ふ可き事業《じげう》を起し以て市町村有財産《ゆうざいさん》の生産《せいさん》力若くは住民の經濟《けいざい》力を增進《ぞうしん》し假令一時の負擔《ふたん》を增すも永遠《えいゑん》の利益を生す可き場合を謂《い》ふなり尤《いう》何れの場合に於ても一時の歳入《さいにふ》を以て支辨《しべん》し能はさる時に限《かぎ》るものとせ但《たゞし》年々要《えう》する所の常費《せうひ》は必經常《けいじやう》の歳入を以て支辨《しべん》す可きものにして公債を募《つの》るを得す公債募集《ぼしう》に當ても深《ふか》く注意を加《くわ》へ成るへく住民《じうみん》の負擔《ふたん》を輕《かろ》くし利息は時の相場に準

し隨時償還《ずゐじせうくわん》の約《やく》を立て、市町村に便利《べんり》を與《あた》へさる可からす到底《とうてい》償還方法の確定《かくてい》するに非されハ募集《ぼしう》を許《ゆる》さす又公債ハ成るへく市町村の財政《ざいせい》に適準《てきじゆん》し償還期限《きげん》ハ長きに過《す》く可からす故に本制《ほんせい》に於ては償還《しやうかん》ハ三年以内に始《はじ》まるものとし年《ねん》々の償還歩合《せうくわんぶあひ》を定め且募集《ぼしよ》の時より三十年以内に還了《くわんれう》するを以て例規《れいき》と爲せり若し此例規《このれいき》に違《たが》ハんとするときハ必官の許可《きよか》を要す（市制第百二十二條第一、町村制第百二十六條第二）元來《ぐわんらい》許可を要《えう》せさる公債の種類《しゆるゐ》と雖も右の例規《れいき》に違《たが》ふときハ亦《また》官の許可《きよか》を請《こ》ふ可し

公債《こうさい》を起すと起さゝると及其方法《はうく》の如何《いかん》ハ市町村會の議決《ぎけつ》に屬《ぞく》す（市制第三十一條第八、町村制第卅三條第八）唯定額豫算内《たゞていかくよさんない》の支出《ししゆつ》を爲すか爲めにして一會計年度《かいけいねんど》内《ない》に償還《せうかん》す可き公債は市に於てハ市會の議決《ぎけつ》を要せす市《し》參事《さんじ》會《かい》の意見《いけん》を以て募集《ぼしう》するを得と雖《いへど》も（市制第百六條、第三項）町村に於てハ町村會の同意《どうい》を要すること勿論《もちろん》なり蓋斯《けだしかく》の如き公債ハ收入支出《しうにうししゆつ》の多《おほ》き市の如きに在《あり》ても自然已《じぜんや》む可からさるものにして其支出の時期《じき》と收入期限《きけん》と常《つね》に相合一《あひがふいち》せさるか故なり凡《およそ》公債《こうさい》を募集《ぼしう》するに付許可《きよか》を受く可きは右に陳述《ちんじゆつ》したる場合《ばあひ》及曾《かつ》て負債《ふさい》あるきに新《あらた》に公債を起し又は舊債《きうさい》を增額《ぞうかく》するときに在り故に前記《ぜんき》の如き一時の借入金《かりいれきん》を爲し又ハ舊債償還《きうさいせうかん》の爲めにする公債にして其期約舊債《やくきうさい》より負擔《ふたん》を輕《かろ》くするときの如きハ渾《すべ》て許可《きよか》を要《えう》せす其他ハ償《せう》還期限《きげん》三年以《い》内《ない》のものを除《のぞ》くの外《ほか》内務大藏兩大臣の許可《きよか》を受《う》く可し

既《すで》に募集《ぼしう》したる公債を豫定《よてい》の目的外《もくてきがい》に使用《しよう》せんとするときは市町村會の議決《ぎけつ》を要し且若《かつも》し其公債にして官許《かんきよ》を要《よう》するときは許可《きよか》を受《う》く可《べ》きてと言《いふ》を俟《ま》たす

市町村の財政《さいせい》は政府の財政《さいせい》に於《お》けるを均《ひとし》く三個《さんこ》の要件《ようけん》あり卽《すなは》ち

甲《かう》　定額豫算表《ていかくよさんへう》を調製《てうせい》する事《こと》

乙《おつ》　收支《しうし》を爲《な》す事《こと》

以上の三要件にして法律中《はうりつちう》に細目《さいもく》を設《まう》く可き必要《ひつえう》あるものハ本制《ほんせい》第四章《しやう》第二欵《くわん》に於て之を規定《きてい》せり

丙《へい》 決算報告《けつさんはうこく》を為《な》す事《こと》

甲

財政《ざいせい》を整理《せいり》し収支《しうし》の平衡《へいかう》を保《たも》つにハ定額豫算表《ていがくよさんへう》を設《まう》けさる可からす本制《ほんせい》ハ（市制町村制第百七條）市町村をして豫算表調製《よさんへうてうせい》の義務《ぎむ》を負《お》はしむ故に若し市町村に於《おい》て此義務《このぎむ》を盡《つく》さゝるときは法律上の権力《けんりよく》を以て之《これ》を強制《けうせい》するを得可く若し之を議決《ぎけつ》せざるときハ府縣参事會郡参事會の議決を以て之を補《おぎな》ふことを得可し（市制第百十九條、町村制第百二十三條）此義務《このぎむ》ハ決《けつ》して免《まぬか》る可からざる者なれハ狭小の町村と雖も猶《なほ》之を負擔《ふたん》せさるを得す其豫算表《よさんへう》ハ一年の見積《みつもり》を以て之を設《まう》け其會計年度《けいねんど》ハ政府《せいふ》の會計年度《くわいけいねんど》に同くせり其他本制ハ豫算表調製《よさんへうてうせい》の細目《さいもく》を定《さだ》めす要《えう》するに一切《いつさい》の収支及収入不足《ふそく》の場合《ばあひ》ハ方《あた》リ支辨方法《しべんはうはふ》を定《さだ》むるを以て足《た》れりとす但財政整理《ただしざいせいせいり》上に於て其市町村の資力《しりよく》を酌量《しやくりやう》す可き必要の細目《さいもく》ハ省令《せうれい》を以て之を定《さだ》むることある可し

定額豫算《ていがくよさん》の案《あん》を調製《てうせい》することハ町村長及市参事《さんじ》會の擔任《たんにん》にして之を議決《ぎけつ》するは市町村會の職權《しよくけん》に屬《ぞく》す収支を許可《きよか》することハ市町村會の全權《ぜんけん》に任せすして法律上の撿束《けんそく》を設くるものあり即當然《ぜん》支出す可きものを否決《ひけつ》したるときは監督《かんとく》官廳に於て強制豫算《がうせいよさん》を令するの權《けん》（市制第百十八條、町村制第百二十二條）あり又其議決の越權《えつけん》に渉《わた》り又は公益《こうえき》を害するものは其議決《ぎけつ》を停止するの權《けん》（市制第六十四條第一、町村制第六十八條第一）あり事項《じこう》に依りてハ官の許可《きよか》を要《えう》するか故に（市制第百二十二條、第百二十三條第五第六、町村制第百二十六條、第百二十七條第五第六）市町村住民《ぢうみん》の爲めに過度《くわど》の負擔《ふたん》を制止《せいし》するの方法は十分備《そな》ハれりと謂《い》ふ可し故に豫算表《よさんへう》は市町村會の議決《ぎけつ》する所に依り其全体《ぜんたい》に於て許可《きよか》を受くるを要《えう》せす唯右に記載《きさい》したる場合に限《かぎ》りて許可

を受くるを要《えう》するのみ

凡定額豫算表《おほよそていがくよさんへう》は二様の效力《かうりよく》あり即一方に於ては理事《りじ》者をして豫定《よてい》の支收《ししう》を爲すの權利を得せしめ一方に於ては踰越《ゆゑつ》すへからさるの制限《せいげん》を負《お》はしむるものなり殊《こと》に豫算外の支出《しゆつ》豫算超過の支出若くは費目《ひもく》の流用《りうよう》を爲すに當《あたり》ては更《さら》に市町村會の議決《ぎけつ》を經《へ》可きものとす此《この》場合に於て市町村會は當初《たうしよ》豫算を議定すると同一の規定《きてい》に從《したがつ》て之を議決す可きなり其追加《ついか》豫算若くは豫算の變更《へんかう》を議決するに當り其事項《じこう》たる官の許可を要《えう》するときは均《ひとし》く其許可を受く可きこととす豫備費《よびひ》を設く可きと否《いな》と及其額《がく》の如何は市町村會の議定《ぎてい》に在りと雖も已に之を設けたる時は市制町村制第百九條の制限《せいげん》を除《のぞ》くの外町村長及市參事會《さんじくわい》の之を使用するに任す但《たゞし》其決算報告《けつさんはうこく》を爲す可きは固よりなりとす

乙

市町村收支の事務《じむ》は之を官吏に委任《いにん》せすして之を市町村の吏員《りゐん》即收入役を置《おい》て之に委任す是多く各國に行《おこな》はるゝ所は實例《じつれい》にして其吏員は市町村に於て之を撰任《せんにん》し有給吏員と爲せり要《えう》するに本制の旨趣《ししゆ》は收支命令者と實地《じつち》の出納者とを分離獨立《りどくりつ》せしめんと欲《ほつ》するに在り故に收入役の事務を町村長に委任《いにん》するは本制の敢《あへ》て希望《きばう》する所に非《あら》すして此の如き場合《ばあい》は極《きは》めて罕《まれ》なる可し若し町村の情況《ぜうけう》に依《より》り別に有給《ゆうきふ》の收入役を置《お》くを要せさるときは寧ろ之を助役に委任《いにん》するを可とす又此類《るゐ》の小町村は町村制第百十六條に從《したが》ひ共同して收入役一名を置くも亦便宜《またべんぎ》に任す

收支《しうし》命令權《めいれいけん》は町村長若くは市參事會及監督官廳に屬《ぞく》す收支命令は書面を以てせさる可からす收支命令《めいれい》を受けすして爲したる支拂《しはらひ》は市町村に於て之を任定《にんてい》するを要せす抑收支《そもそもしうし》命令と實地《じつち》の出納とを分離《ぶんり》するは支拂前《しはらひぜん》に於て其豫算《よさん》に違《たが》ふ所なきやを監査《かんさ》するに便《べん》なるか爲《た》めなり元來決算《けつさん》報告《はうこく》を爲《な》すは則此目的《このもくてき》に外ならすと雖も既《すで》に支拂後《しはらひご》に係《かゝ》るを以て其監査《かんさ》は往々《わうわう》時機に後《おく》るゝの

憾《かん》ある故に本制《ほんせい》ハ(市制町村制第百十條)收入役《しうにうやく》に負《お》はしむるに其命令の正否《せいひ》を查《さ》するの義務を以てし其命令若《も》し定額豫算《ていがくよさん》又ハ追加豫算若《ついかよさんもし》くは豫算變更《へんかう》の決議《けつぎ》に適合《てきがう》せさる又豫備費《よびひ》より支拂《しはら》ふ可《べ》きとき該費目《がいひもく》の支出《ししゆつ》に關する規定《きてい》を遵守《じゆんしゆ》せさるに於てハ之を支出《しゆつ》するを得《う》さるものとす此義《このぎ》務ハ收入役《しうにうやく》の賠償責任《ばいしやうせきにん》と懲戒處分《てうかいしよぶん》の制裁《せいさい》を以て十分に之を盡《つく》さしむるを得可し

若し町村長に收入役《しうにうやく》の事務を擔任《たんにん》せしむるときハ收支《しうし》命令と支拂《しはらひ》との別《べつ》ハ自ら消滅《せうめつ》し隨《したがつ》て上《かみ》に記載《きさい》したる監查《かんさ》の法も亦《また》之れなきに至《いた》る可し

收入役《しうにうやく》をして右の義務を行《おこな》ひ易《やす》からしめんが爲《ため》定額豫算《ていがくよさん》表ハ勿論《もちろん》追加豫算若《ついかよさんもし》くは豫算變更《へんかう》の議《ぎ》決《けつ》は必ず之を收入役《しうにうやく》に通報《つうはう》せさる可からす其豫算表《よさんへう》及臨時《りんじ》の議決ハ併《あは》せて簿記《ぼき》の標準《へうじゆん》と爲《す》るものなり本制《はんせい》ハ簿記《ぼき》の事に就《つい》てハ規定《きてい》を立つることなしと雖も簿記《ぼき》及び一般出納《はんすゐとふ》の事務に就《つひ》ては遏《おつ》て訓令《くんれい》を以て原則《げんそく》を示《しめ》すことある可し又本制《ほんせい》は出納《すゐとふ》を檢查《けんさ》するを以て市町村の義務《ぎむ》と爲《な》せり(市制町村制第百十一條)若《も》し理事者《りじしや》に於て此義務を行《おこな》はす又は檢查《けんさ》を行ふて盡《つく》さゝる所あるか爲《た》め市町村に損害《そんがい》を釀《かも》したるときハ市町村に對して賠償義務《ばいしやうぎむ》を負《お》はしむ可きなり此賠償義務《このばいしやうぎむ》の外懲戒《ほかてうかい》を加《くわ》へ得《う》可《べ》きは言《いふ》を俟《ま》たす

丙《へい》

決算報告《けつさんほうこく》の目的《もくてき》ハ二あり左《さ》の如《ごと》し

一 計算《けいさん》の當否《たうひ》及計算と收支命令《しうしめいれい》と適合《てきがふ》するや否《いな》を審查《しんさ》する事(會計審查《くわいけいしんさ》)

二 出納《すゐとふ》と定額豫算表《ていがくよさんへう》又は追加豫算若《ついかよさんもし》くハ豫算變更《よさんへんかう》の議決又ハ法律命令と適合《てきがふ》するや否《いな》を查定《さてい》する事(行政審查《げうせいしんさ》)

會計審查《くわいけいしんさ》は會計主任者《くわいけいしゆにんしや》(即收入役《しうにうやく》又は收入役の事務《じむ》を擔任《たんにん》する助役若《じよやくもし》くハ町村長)に對《たい》し行《おこな》ふものにして行政審查《げうせいしんさ》ハ市町村の理事者《りじしや》即町村長若《もし》くハ市參事會《しさんじくわい》に對して行ふものなる其會計審查《そのくわいけいしんさ》

は先《ま》つ町村長(但町村長に於《おい》て會計を兼掌《けんしやう》するときハ此限《このかぎり》ニ在《あ》らす)及市參事會《しさんじくわい》に於て之を行《おこな》ひ次《つい》て市町村會に於て右《みぎ》二樣《やう》の目的を以て會計を審査《しんさ》す(市制町村制第百十二條)是故《このゆへ》ニ收支《しうし》命令若《しや》(町村長助役《じよやく》、市參事會員《しさんじくわいゐん》)にして市町村會の議員《ぎゐん》を兼《か》ぬるときハ其議決《ぎけつ》に加《くわ》ハることを得す(市制第四十三條、町村制第四十五條)若《も》し又議長《ぎちやう》たるときは其議事《ぎじ》中議長席《せき》ニ居《お》ることを得さるものとす(市制第百十二條、町村制第百十三條)是利害《これりがい》の互《たがひ》に抵觸《ていしよく》するを以《もつ》てなり

決算報告《けつさんほうこく》の時會計《ときくわいけい》ニ不足《ふそく》あるときハ市制《しせい》第百二十五條若《もし》くは町村制第百二十九條を適用《てきよう》すべし

市制町村制《しせいてうそんせい》第五章《しやう》　市町村內特別《してうそんないとくべつ》の財產《ざいさん》を有《ゆう》する市區《しく》又ハ各部《かくぶ》の行政《げうせい》

行政《げうせい》の便利《べんり》の爲《た》めニ畫《くわ》したる區と一市町村內ニ於《おい》て獨立《どくりつ》の法人《はうじん》たる權利を有《ゆう》する各部《かくぶ》との區別《くべつ》あるハ固《もと》より言《いふ》を待たず本制《ほんせい》は一市町村の統一《とういつ》を尙《たつと》ふものにして一市町村內に獨立《どくりつ》する小組織《せうそしき》を存續《そんぞく》し又も造成《ざうせい》せることを欲《ほつ》するにあらず然《しか》れ共强《しひ》て此原則《このげんそく》を斷行《だんこう》せんとするときハ一地方《ちはう》に於《おい》て正當《せいとう》に享有《けうゆう》する利益《りえき》を傷害《しやうがい》するの恐《おそ》れあり故《ゆへ》に概《がい》して此の旨趣《ししゆ》に依《よつ》て論すへからさる者あり大市町村《だいしてうそん》に於てハ現今既《げんこんすき》に特別《とくべつ》の財產《ざいさん》を有する部落《ぶらく》あり現今《げんこん》の小町村を合併《がつへい》するときハ更《さら》に又此《かく》の如き部落《ぶらく》を現出《げんしゆつ》すへし其部落は卽獨立《どくりつ》の權利を存《そん》するものと謂《い》ふへし又他《た》の一方《はう》より論《ろん》するときは市制町村制第九十九條の原則《げんそく》に依《よ》り其部落《ぶらく》ハ義務を負擔《ふたん》せることありと雖も之《こ》れか爲《た》め直《たゞち》に別段《べつだん》の組織《そしき》を要することなかるへし其特別財產《とくべつざいさん》又ハ營造物《えいざうぶつ》の管理《くわんり》は之を其全《ぜん》市町村の理事者《りじしや》たる町村長又は市參事會《しさんじくわい》に委任《ゐにん》するも妨《さまた》げなし(市制第百十四條町村制第百十五條)若《も》し區長《くちやう》を置《お》くときは町村長又ハ市參事會《しさんじくわい》ニ於て區長に指揮《しき》して其管理《くわんり》の事務を取扱《とりあつか》はしむることを得《う》べし尤《もつとも》其一部《ぶ》の權利を傷害《しやうがい》ずべからざるハ言《い》を俟《ま》たす本制《ほんせい》ニ於て其一部の出納《すいとふ》及會計《くわいけい》の事務を分別《ぶんべつ》すへきものとするは卽是《これ》か爲《た》めなり議會の職掌《しよくしやう》を論《ろん》すれハ(市制自第三十條至第三十五條、町村制自第三十二條至第三十七條)特別事務《とくべつじむ》と雖も總《すべ》て之れを市町村會に委任《ゐにん》するも

妨《さまた》けなき而已《のみ》ならず却《かへ》つて希望《きばう》すへきところなり然《しか》れとも地方に依《よ》りては全《ぜん》市町村と其各部落《かくぶらく》との利害《りがい》は互《たがひ》に相抵觸《あひていしよく》することと往々《わう〳〵》之れあり其甚《はなはだし》きに至ては多數《たすう》の爲めに壓抑《あつよく》を蒙《かう》むることあり依《よ》つて其の一部限《ぶかぎ》りの選擧《せんきよ》を以て特別《とくべつ》の議會を起《おこ》しもつて其の議事《ぎじ》を委任《いにん》することを得可《うべ》し其之《こ》れを起《おこ》すの利害に就《つき》てハ一般《ぱん》の原則《げんそく》を設《もう》け難《かた》きかゆゑに姑《しばら》く條例の規定《きてい》に任《にん》せさる可らず但此《たゞしこ》の條例ハ固《もと》より普通《ふつう》の規定に依《よ》るへくして特別《とくべつ》のものにあらすと雖《いへど》も其之れを設《もう》け並《ならび》に其《その》事項《じこう》を定《さだ》むるハ市町村會の議決《ぎけつ》に任《にん》せすして之を郡若《ぐんもし》くは府縣參事會よ委任《いにん》せり何《なん》となれハ利害の相抵觸《あひていしよく》するか爲《ため》め偏頗《へんぱ》の處置《しよち》あらんことを恐《おそ》るれはなり唯《たゞし》市町村會《てうそんかい》の意見《いけん》を徵《てう》す可きは勿論《ろん》あり要するに區《く》會《かい》ハ市町村會又ハ區內人民《くないじんみん》の情願《ぜうがん》に依り之を設《もう》くるを當然《とうぜん》とす區會《くかい》の構成《かうせい》ハ本制ふ規定《きてい》したる市町村會の組織《そしき》に依準《いじゆん》し條例中《でうれいちう》に之を定む可きものとす區會《くかい》の職掌《しよくせう》ハ市町村會の職掌ふ同し唯其特別事件《たゞそのとくべつじけん》に限るのみ

町村制《てうそんせい》第六章　町村組合《てうそんくみあひ》

本制《ほんせい》の希望《きばう》する如く有力《ゆうりよく》の町村を造成《ざうせい》し又郡《またぐん》を以て自治体《じちたい》と爲すときハ其他別《たべつ》に區畫《くくわ》を設《もう》くるの必要《しつよう》なかる可きなり殊《こと》に一事件《いちじけん》ある毎《ごと》に特別《とくべつ》の聯合《れんがう》を設《もう》くるを要せさる可し若し漫《みだり》に聯合《れんがよ》を設《もう》くる時ハ行政事務《せいじむ》簡明《かんめう》ならすろの組《そ》織錯綜《しきさくそう》を極《きわ》め費用も亦隨《したがつ》て增加《ぞうか》するを免《まぬか》れさるは英國《えいこく》の實例《じつれい》を以て證《しやう》するふ足る可し獨《ひと》り水利土功《すいりどこう》の聯合《れんこう》又ハ小町村に於て學校《がくこう》の聯合《れんがう》を設くるか如きハ萬已《まんや》むを得《え》さるものにして皆別法《みなべつぽう》を以て規定《きてい》せさる可からす然《しか》れとも其別法《べつぽう》の發布《はつぷ》せさる間ハ本制《ほんせい》に於て豫《あらかし》め之の方法《はう〳〵》を設《もう》けさる可からす又此必要《このしつよう》あるの外往々《わう〳〵》町村組合《くみあひ》を設くるの活路《かつろ》を示《しめ》す可きものあり即本制《ほんせい》に於てハ關係《かんけい》町村の協議《けうぎ》を以て其組合を爲すの目的《もくてき》、組合會議《くみあひかいぎ》の組《そ》織《しき》、事務管理《じむかんり》の方法《はう〳〵》及費用の支辨方法《しべんはう〳〵》等《とう》を定むるときハ（町村制第百十六條第一項、第百十七條第一項）監督官廳《かんとくかんてう》即郡長《ぐんてう》の許可《きよか》を得て組合を成すことを許《ゆる》せり町村に於て相當《さうたう》の資力《しりよく》を有せさるとき組合《くみあひ》を爲《な》さしむるを必要《ひつえう》と爲すの如《ごと》き是なり此の如き場合あるときは町村制第四條に於て合併《がつぺい》す可きことを規定《きてい》すと雖も事情《じじやう》に依りては合併《がつぺい》を施《ほどこ》す可からす又は之を不便《ふべん》と爲すことなしとせす例《たと》へは該町村《がいてうそん》の互《たがひ》に相遠隔《あひゑんかく》するか如き又は古來《こらい》の慣習《くわんしふ》に於て調和《てうわ》を得《え》さるか如きの類《るゐ》あり此《かく》の如きに至《いたり》ては其町村の異議《いぎ》あるにも拘《かゝは》らず事務《じむ》共同《けうどう》の爲め組合《くみあひ》を成《な》さしむるの權力《けんりよく》なかる可からす其組合《くみあひ》を成《な》すときは第四條の場合《ばあひ》を異《こと》にして其各《かく》町村の獨立《どくりつ》を存し又別《べつ》に町村長及《および》町村會若《もし》くは町村總會を有《いう》す可き理《り》なり然れとも其組合《くみあひ》を成《な》す所の共同事務の多寡《たくわ》及種類《しゆるゐ》は其組合《くみあひ》に依《より》て互《たがひ》に異《こと》なるものとす

抑《そも〳〵》協議《けふぎ》に依《よ》らすして組合《くみあひ》を設《まう》くるは町村の獨立權《どくりつけん》を傷《きず》くるの恐《おそ》れあるに依《よ》り郡《ぐん》參事會の議決《ぎけつ》に任《にん》ずるを妥當《だたう》なりとす(町村制第百十六條第二項)果《はた》して其共同事務《けうどうじむ》の區域《くいき》を定《さだ》め強制を以て組合《くみあひ》を成《な》さしめさるときは議會《ぎくわい》の組織《そしき》事務管理《くわんり》の方法、費用支辨《ひようしべん》の方法就中分擔《なかんづくぶんたん》の方法に至ても先《ま》つ關係《くわんけい》町村に於て之を協議《けうぎ》するを要《えう》す若《も》し其協議調《とゝの》はさるに及《およ》ては郡參事會《ぐんさんじくわい》に於て之を議決《ぎけつ》するの外《ほか》なし

組合《くみあひ》議會の組織《そしき》事務、管理《くわんり》の方法、費用支辨《ひようしべん》の方法殊《こと》に分擔《ぶんたん》の割合《わりあひ》は本制に於て豫《あらかじ》め之を規定《きてい》せす實際《じつさい》の場合《ばあひ》に於て便宜《べんぎ》其方法を制《せい》す可し故《ゆへ》に組合《くみあひ》は特別《とくべつ》の議會を設《まう》け或は各《かく》町村會を合《がつ》して會議《くわいぎ》を開《ひら》き或は互選《ごせん》の委員《ゐゐん》を以て議會を組織《そしき》し或は各《かく》町村會別個《べつこ》に會議《くわいぎ》を爲《な》し其各議會の一致《いつち》を以て全組合《ぜんくみあひ》の議決と爲《な》すの類各其宜《るいかくそのよろし》きに從ふ可し又町村長の如《ごと》きも組合《くみあひ》に一の町村長《てうそんちやう》を置き且《かつ》之を永久獨立《えいきうどくりつ》とし或は各町村長の交番《かうばん》と爲《な》すを得可《うべ》し又組合の費用《ひよう》は或は特別《とくべつ》の組合費として之を各個人《かくこじん》に賦課《ふくわ》し或は之を各町村《かくてうそん》に賦課し以て其賦課徴收《ふくわてうしよ》の法を各町村の便宜《べんぎ》に任《にん》ずるを得可《うべ》し各町村分擔《ぶんたん》の割合《わりあひ》は利害の輕重《けいぢう》土地の廣狹《かうきやう》人口《じんこう》の多寡《たくわ》及納稅力《なふせいりよく》の厚薄《こうはく》を以て標準《へうじゆん》と爲《なす》可し但《たゞし》其納稅力の詮定方《せんていかた》に至ても亦《また》之を一定することを能《あた》はさる可《べ》し以上の各事項《かくじかう》に關《くわん》し本制は全

く實地宜《じつちよろし》きに從ふを許せり故《ゆゑ》ふ各地方に於て其便と爲る所を採擇《さいたく》ㅎ可し

組合《くみあひ》町村ハ之を解《と》くの議決《ぎけつ》を爲るを得と雖も郡長の許可《きよか》を得るを要《よう》す（町村制第百十八條）

市制《しせい》第六章《しやう》町村制第七章　市町村行政《しちやうそんぎやうせい》の監督《かんとく》

監督《かんとく》の目的《もくてき》及方法ハ本説明中各處に之を論《ろん》せり故に復《また》之を贅《ぜい》せる唯茲《たゞこゝ》ふ其要點《えうてん》を概括《がいくわつ》せんとる

（第一）監督《かんとく》の目的《もくてき》ハ左《さ》の如し

一　法律《はうりつ》、有效《ゆうかう》の命令《めいれい》及官廳《かんてう》より其權限内《けんげんない》にて爲《な》したる處分《しよぶん》を遵守《じゆんしゆ》するや否《いなや》を監視《かんし》する事

二　事務《じむ》の錯亂澁滯《さくらんじふたい》せさるや否《いなや》を監視《かんし》し時宜《じぎ》に依ては強制《けうせい》を施《ほどこ》す事（市制第百十七條町村制第百二十一條）

三　公益《こうえき》の妨害《ばうがい》を防き殊《こと》に市町村の資力《しりよく》を保持《ほぢ》する事

以上の目的《もくてき》を達《たつ》するか爲めには左《さ》の方法《はうはう》あり

一　市町村の重役《ちうやく》を認可《にんか》し又ハ臨時《りんじ》町村長助役を選任《せんにん》する事（市制第五十條、第五十一條第五十二條、町村制第五十九條、第六十條第六十一條、第六十二條）

二　議決《ぎけつ》を許可《きよか》する事《こと》（市制第百二十二條、第百二十三條、町村制第百二十六條、第百二十七條）

三　行政《ぎやうせい》事務の報告《はうこく》を爲《な》さしめ書類帳簿《しよるゐてうぼ》を査閲《さえつ》し事務の現況《げんけう》を視察《しさつ》し並出納を撿閲《けんえつ》する事（市制第百十七條、町村制第百二十一條）

四　強制豫算《けうせいよさん》を命する事（市制第百十八條、町村制第百二十二條）

五　上級《じやうきふ》の參事會に於て代て議決《ぎけつ》を爲す事（市制第百十九條、町村制第百二十三條）

六　市參事會、市會、町村會の議決を停止する事（市制第六十四條第一、第六十五條、町村制第六十八條第一）

七　懲戒《ちやうかい》處分を行《おこな》ふ事（市制第百二十四條第百二十五條、町村制第百二十八條、第百二十九條）

八　市町村會を解散《かいさん》する事（市制第百二十條、町村制第百二十四條）

（第二）監督官廳《かんとくかんちやう》は左の如し

町村に對《たい》しても

一　郡《ぐん》長　二　知事《ちじ》　三　内務《ないむ》大臣

市に對《たい》しては

一　知事《ちじ》　二　内務大臣

法律《はうりつ》に明文《めいぶん》ある場合に於ては郡《ぐん》長若くは知事は郡《ぐん》參事會若くは府縣《ふけん》參事會の同意《どうい》を求《もと》むるを要す但參事會を開設《かいせつ》するまでは郡《ぐん》長知事の專決《せんけつ》に任す（市制第百二十七條、町村制第百三十條）

市町村吏員の處分《しよぶん》若くは議決《ぎけつ》に對《たい》する訴願《そぐわん》に就ては先市町村の事務《じむ》と市制第七十四條、町村制第六十九條に記載《きさい》しさる事務との間《あひだ》に區別を立てさる可らす市制第七十四條、町村制第六十九條に記載《きさい》したる事務に關《くわん》して訴願《そぐわん》を許《ゆる》すと否とは一般《いつぱん》の法律《はふりつ》規則に從《したが》ふ者とす之に反して市町村の事務《じむ》に關《くわん》しては此法律に明文《めいぶん》ある場合に限《かぎ》れり（市制第八條第四項、第二十九條、第三十五條、第六十四條第一、第七十八條、第百五條、第百二十四條、町村制第八條第四項、第二十九條、第三十七條、第六十八條第一、第七十八條、第百九條、第百二十八條）本制に訴願《そぐわん》の明記なる場合を列載《れつさい》を悉したるものとす又監督官廳は自己《じこ》の發意《はつい》に依《より》其職權《しよくけん》を以て監督權《かんとくけん》を行ふを得るのみならす人の告知に依《よつ》て亦之を行《おこな》ふことを得可し而して其告知《こくち》は本制に所謂《いはゆる》訴願の種類に屬せされは期限《きげん》を定めす又前條の處分《しよぶん》若くは議決の執行《しつかう》を停止《ていし》することを得さるなり（市制第百十六條第二項、第五項、町村制第百二十條第二項、第五項）

市町村の行政事務《ぎやうせいじむ》に關《くわん》ある郡長若くは府縣知事の第一次又ハ第二次ニ於て爲したる處分若くは裁決《けつ》に對《たい》してハ其參事會の同意を得ると否とに拘《かゝは》らず一般に訴願《そぐわん》を爲すを許せり特に法律に明文ある場合に限りて之を許さるゝ者とす「市制第百十六條第一項、町村制第百二十條第一項」若し其處分《しよぶん》又は裁決《さいけつ》郡長より發したるものなるときは之に對する訴願は知事之れを裁決し郡參事會より發《はつ》したるものなるときは府縣參事會之を裁決す知事及府縣參事會の裁決に不服《ふく》ある者ハ共ニ內務大臣に訴願《そぐわん》する者とす而して權利《けんり》の消長に關する結局《けつきよく》の裁決は之を行政裁判所ニ委任《いにん》するを妥當と爲すは上來屢々《じやうらいしば〳〵》之を說明《せつめい》せり但權利の爭論《そうろん》と一般に行政訴訟を許すにあらずして之を許《ゆる》す可きの必要《ひつえう》ある場合に限り特に之れか明文《めいぶん》を掲《かゝ》く故に其明文なき場合に於てハ結局《けつきよく》の裁決ハ常《つね》に內務大臣ニ屬《ぞく》するものとす而《しか》して行政訴訟を許したる場合ニ於ては內務大臣に訴願す るを許さす最上官衙《さいじやうくわんが》の裁決を以て法司《はふし》の審判《しんぱん》に付するを欲《ほつ》せさるか故なり但本制に於て行政裁判所《ばん》の權限を規定《きてい》をたるは市町村の行政事務《ぎやうせいじむ》に關《くわん》する事に止まり其他の事務に涉る權限ハ他日別法《べつはふ》を於て定む可きことゝす又目下《もくか》行政裁判所の設《まう》けなきを以て之を開設するまての間は內閣に於て其職務《しよくむ》を擔任《たんにん》す可きことと止むを得さるなり（市制第百二十七條、町村制第百三十條）

以上記述《いじやうきじゆつ》する所の要旨《えうし》は則左の如し

（第一）市町村の行政事務《ぎやうせいじむ》に屬《ぞく》せさる事件に對する訴願《そぐわん》及其順序《じゆんじよ》ハ一般の法律規則《はふりつ》に從ふ者とす

（第二）市町村の行政事務に關《くわん》すと雖も市町村吏員の處分《しよぶん》若くハ裁決《さいけつ》に對しては本制ニ明文を掲《かゝ》けたる場合ニ限り訴願《そぐわん》を許し之に反して監督官廳又ハ郡府縣參事會の處分若くハ裁決に對してハ一般《ばん》に訴願《そぐわん》を許す其訴願《そぐわん》の順序《じゆんじよ》は左圖の如し

郡長——知事——
郡參事會—府縣參事會—
但法律に明文ある場合に限る
內務大臣
行政裁判所
但法律に明文ある場合に限る

市

知事
府縣參事會
內務大臣
行政裁判所
但法律に明文ある場合に限る　但法律に明文ある場合に限る

爭鬪の順序《じゆんじよ》は必《かならず》履行《かう》せさる可らさるものにして內務《ないむ》大臣に訴願《そぐわん》し又は行政《ぎやうせい》裁判所に出訴《しゆつそ》せんとするにへ必《かならず》前段《せんだん》の順序《じゆんじよ》を經由《けいゆ》したる後に在るべきものとす〔畢〕

明治廿一年四月廿七日印刷　（定價金八錢）
仝年五月五日出版
傍訓兼發行者　東京府平民　森仙吉
日本橋區蠣町四丁目十一番地
印刷者　東京府平民　足立庚吉
本郷區駒込千駄木町五十八番地
發兌　日本橋區蠣町四丁目　鶴聲社

地方自治法研究復刊大系〔第233巻〕

傍訓 市制町村制 全〔明治21年初版〕

日本立法資料全集 別巻 1043

2017(平成29)年9月25日　復刻版第1刷発行　7643-5:012-010-005

編　者　鶴　聲　社

発行者　今　井　貴
　　　　稲　葉　文　子

発行所　株式会社信山社

〒113-0033 東京都文京区本郷6-2-9-102東大正門前
Ⓣ03(3818)1019　Ⓕ03(3818)0344
来栖支店〒309-1625 茨城県笠間市来栖2345-1
Ⓣ0296-71-0215　Ⓕ0296-72-5410
笠間才木支店〒309-1611 笠間市笠間515-3
Ⓣ0296-71-9081　Ⓕ0296-71-9082

印刷所　ワイズ書籍
製本所　カナメブックス
用　紙　七洋紙業

printed in Japan　分類 323.934 g 1043

ISBN978-4-7972-7643-5 C3332 ¥20000E

日本立法資料全集 別巻

地方自治法研究復刊大系

市制町村制講義〔大正8年1月発行〕／樋山廣業 著
改正 町村制詳解 第13版〔大正8年6月発行〕／長峰安三郎 三浦通太 野田千太郎 著
改正 市町村制註釈〔大正10年6月発行〕／田村浩 編集
大改正 市制 及 町村制〔大正10年6月発行〕／一書堂書店 編
市制町村制 並 附属法 訂正再版〔大正10年8月発行〕／自治館編集局 編纂
改正 市町村制詳解〔大正10年11月発行〕／相馬昌三 菊池武夫 著
増補訂正 町村制詳解 第15版〔大正10年11月発行〕／長峰安三郎 三浦通太 野田千太郎 著
地方施設改良 訓諭演説集 第6版〔大正10年11月発行〕／鹽川玉江 編輯
東京市会先例彙輯〔大正11年6月発行〕／八田五三 編纂
市町村国税事務取扱手続〔大正11年8月発行〕／広島財務研究会 編纂
自治行政資料 斗米遺粒〔大正12年6月発行〕／樫田三郎 著
市町村大字読方名彙 大正12年度版〔大正12年6月発行〕／小川琢治 著
地方自治制要義 全〔大正12年7月発行〕／末松偕一郎 著
帝国地方自治団体発達史 第3版〔大正13年3月発行〕／佐藤亀齢 編輯
自治制の活用と人 第3版〔大正13年4月発行〕／水野錬太郎 述
改正 市制町村制逐條示解〔改訂54版〕第一分冊〔大正13年5月発行〕／五十嵐鑛三郎 他 著
改正 市制町村制逐條示解〔改訂54版〕第二分冊〔大正13年5月発行〕／五十嵐鑛三郎 他 著
台湾 朝鮮 関東州 全国市町村便覧 各学校所在地 第一分冊〔大正13年5月発行〕／長谷川好太郎 編纂
台湾 朝鮮 関東州 全国市町村便覧 各学校所在地 第二分冊〔大正13年5月発行〕／長谷川好太郎 編纂
市町村特別税之栞〔大正13年6月発行〕／三邊長治 序文 水谷平吉 著
市制町村制実務要覧〔大正13年7月発行〕／梶康郎 著
正文 市制町村制 並 附属法規〔大正13年10月発行〕／法曹閣 編輯
地方事務叢書 第三編 市町村公債 第3版〔大正13年10発行〕／水谷平吉 著
市町村大字読方名彙 大正14年度版〔大正14年1月発行〕／小川琢治 著
通俗財政経済体系 第五編 地方予算と地方税の見方〔大正14年1月発行〕／森田久 編輯
町村会議員選挙要覧〔大正14年3月発行〕／津田東璋 著
実例判例文例 市制町村制総覧〔第10版〕第一分冊〔大正14年5月発行〕／法令研究会 編纂
実例判例文例 市制町村制総覧〔第10版〕第二分冊〔大正14年5月発行〕／法令研究会 編纂
町村制要義〔大正14年7月発行〕／若槻禮次郎 題字 尾崎行雄 序文 河野正義 述
地方自治之研究〔大正14年9月発行〕／及川安二 編輯
市制町村制 及 府県制〔大正15年1月発行〕／法律研究会 著
農村自治〔大正15年2月発行〕／小橋一太 著
改正 市制町村制示解 全 附録〔大正15年5月発行〕／法曹研究会 著
市町村民自治読本〔大正15年6月発行〕／武藤榮治郎 著
市制町村制 及 関係法令〔大正15年8月発行〕市町村雑誌社 編輯
改正 市町村制義解〔大正15年9月発行〕／内務省地方局 安井行政課長 校閲 内務省地方局 川村芳次 著
改正 地方制度解説 第6版〔大正15年9月発行〕／挟間茂 著
地方制度之栞 第83版〔大正15年9月発行〕／湯澤睦雄 著
改訂増補 市制町村制逐條示解〔改訂57版〕第一分冊〔大正15年10月発行〕／五十嵐鑛三郎 他 著
実例判例 市制町村制釈義 大正15年再版〔大正15年9月発行〕／梶康郎 著
改訂増補 市制町村制逐條示解〔改訂57版〕第二分冊〔大正15年10月発行〕／五十嵐鑛三郎 他 著
註釈の市制と町村制 附 普通選挙法 大正15年初版〔対照5年11月発行〕／法律研究会 著
実例町村制 及 関係法規〔大正15年12月発行〕自治研究会 編纂
改正 地方制度通義〔昭和2年6月発行〕／荒川五郎 著
註釈の市制と町村制 附 普通選挙法〔昭和3年1月発行〕／法律研究会 著
註釈の市制と町村制 施行令他関連法収録〔昭和4年4月発行〕／法律研究会 著
実例判例 市制町村制釈義 第4版〔昭和4年5月発行〕／梶康郎 著
新旧対照 市制町村制 並 附属法規〔昭和4年7月発行〕／良書普及会 著
改正 市制町村制解説〔昭和5年11月発行〕／挟間茂 校 土谷覺太郎 著
加除自在 参照條文附 市制町村制 附 関係法規〔昭和6年5月発行〕／矢島和三郎 編纂
改正版 市制町村制 並ニ 府県制 及ビ重要関係法令〔昭和8年1月発行〕／法制堂出版 著
改正版 註釈の市制と町村制 最近の改正を含む〔昭和8年1月発行〕／法制堂出版 著
市制町村制 及 関係法令 第3版〔昭和9年5月発行〕／野田千太郎 編輯
実例判例 市制町村制釈義 昭和10年改正版〔昭和10年9月発行〕／梶康郎 著
改訂増補 市制町村制実例総覧 第一分冊〔昭和10年10月発行〕／良書普及会 編纂
改訂増補 市制町村制実例総覧 第二分冊〔昭和10年10月発行〕／良書普及会 編

以下続刊

信山社

日本立法資料全集 別巻

地方自治法研究復刊大系

市町村執務要覧 全 第一分冊〔明治42年6月発行〕／大成会編輯局 編輯
市町村執務要覧 全 第二分冊〔明治42年6月発行〕／大成会編輯局 編輯**比較研究**
自治要義 明治43年再版〔明治43年3月発行〕／井上友一 著
自治之精髄〔明治43年4月発行〕／水野錬太郎 著
市制町村制講義 全〔明治43年6月発行〕／秋野沆 著
改正 市制町村制講義 第4版〔明治43年6月発行〕／土清水幸一 著
地方自治の手引〔明治44年3月発行〕／前田宇治郎 著
新旧対照 市制町村制 及 理由 第9版〔明治44年4月発行〕／荒川五郎 著
改正 市制町村制 附 改正要義〔明治44年4月発行〕／田山宗堯 編輯
改正 市町村制問答説明 明治44年初版〔明治44年4月発行〕／一木千太郎 編纂
改正 市制町村制〔明治44年4月発行〕／田山宗堯 編輯
旧制対照 改正市町村制 附 改正理由〔明治44年5月発行〕／博文館編輯局 編
改正 市制町村制〔明治44年5月発行〕／石田忠兵衛 編輯
改正 市制町村制詳解〔明治44年5月発行〕／坪谷善四郎 著
改正 市制町村制註釈〔明治44年5月発行〕／中村文城 註釈
改正 市制町村制正解〔明治44年6月発行〕／武知彌三郎 著
改正 市町村制講義〔明治44年6月発行〕／法典研究会 著
新旧対照 改正 市制町村制新釈 明治44年初版〔明治44年6月発行〕／佐藤貞雄 編纂
改正 町村制詳解〔明治44年8月発行〕／長峰安三郎 三浦通太 野田千太郎 著
新旧対照 市制町村制正文〔明治44年8月発行〕自治館編輯局 編纂
地方革新講話〔明治44年9月発行〕西内天行 著
改正 市制町村制釈義〔明治44年9月発行〕／中川健蔵 宮内國太郎 他 著
改正 市制町村制正解 附 施行諸規則〔明治44年10月発行〕／福井淳 著
改正 市制町村制講義 附 施行諸規則 及 市町村事務摘要〔明治44年10月発行〕／樋山廣業 著
新旧比照 改正市制町村制註釈 附 改正北海道二級町村制〔明治44年11月発行〕／植田鹽恵 著
改正 市町村制 並 附属法規〔明治44年11月発行〕／楠綾雄 編輯
改正 市制町村制精義 全〔明治44年12月発行〕／平田東助 題字 梶康郎 著述
改正 市制町村制義解〔明治45年1月発行〕／行政法研究会 講述 藤田謙堂 監修
増訂 地方制度之栞 第13版〔明治45年2月発行〕／警眼社編集部 編纂
地方自治 及 振興策〔明治45年3月発行〕／床次竹二郎 著
改正 市制町村制正解 附 施行諸規則 第7版〔明治45年3月発行〕福井淳 著
自治之開発訓練〔大正元年6月発行〕／井上友一 著
市制町村制逐條示解〔初版〕第一分冊〔大正元年9月発行〕／五十嵐鑛三郎 他 著
市制町村制逐條示解〔初版〕第二分冊〔大正元年9月発行〕／五十嵐鑛三郎 他 著
改正 市町村制問答説明 附 施行細則 訂正増補3版〔大正元年12月発行〕／平井千太郎 編纂
改正 市制町村制註釈 附 施行諸規則〔大正2年3月発行〕／中村文城 註釈
改正 市町村制正文 附 施行法〔大正2年5月発行〕／林甲子太郎 編輯
増訂 地方制度之栞 第18版〔大正2年6月発行〕／警眼社 編集 編纂
改正 市制町村制詳解 附 関係法規 第13版〔大正2年7月発行〕／坪谷善四郎 著
改正 市制町村制 第5版〔大正2年7月発行〕／修学堂 編
細密調査 市町村便覧 附 分類官公衙公私学校銀行所在地一覧表〔大正2年10月発行〕／白山榮一郎 監修 森田公美 編著
改正 市制 及 町村制 訂正10版〔大正3年7月発行〕／山野金蔵 編輯
市制町村制正義〔第3版〕第一分冊〔大正3年10月発行〕／清水澄 末松偕一郎 他 著
市制町村制正義〔第3版〕第二分冊〔大正3年10月発行〕／清水澄 末松偕一郎 他 著
改正 市制町村制 及 附属法令〔大正3年11月発行〕／市町村雑誌社 編著
以呂波引 町村便覧〔大正4年2月発行〕／田山宗堯 編輯
改正 市制町村制講義 第10版〔大正5年6月発行〕／秋野沆 著
市制町村制実例大全〔第3版〕第一分冊〔大正5年9月発行〕／五十嵐鑛三郎 著
市制町村制実例大全〔第3版〕第二分冊〔大正5年9月発行〕／五十嵐鑛三郎 著
市町村名辞典〔大正5年10月発行〕／杉野耕三郎 編
市町村吏員提要 第3版〔大正6年12月発行〕／田邊好一 著
改正 市制町村制と衆議院議員選挙法〔大正6年2月発行〕／服部喜太郎 編輯
新旧対照 改正 市制町村制新釈 附 施行細則 及 執務條規〔大正6年5月発行〕／佐藤貞雄 編纂
増訂 地方制度之栞 大正6年第44版〔大正6年5月発行〕／警眼社編輯部 編纂
実地応用 町村制問答 第2版〔大正6年7月発行〕／市町村雑誌社 編纂
帝国市町村便覧〔大正6年9月発行〕／大西林五郎 編
地方自治講話〔大正7年12月発行〕／田中四郎左右衛門 編輯
最近検定 市町村名鑑 附 官国幣社及諸学校所在地一覧〔大正7年12月発行〕／藤澤衛彦 著
農村自治之研究 明治41年再版〔明治41年10月発行〕／山崎延吉 著

信山社

日本立法資料全集 別巻

地方自治法研究復刊大系

参照比較 市町村制註釈 完 附 問答理由 第2版〔明治22年6月発行〕／山中兵吉 著述
自治新制 市町村会法要談 全〔明治22年11月発行〕／高嶋正載 著述 田中重策 著述
国税 地方税 市町村税 滞納処分法問答〔明治23年5月発行〕／竹尾高堅 著
日本之法律 府県制郡制正解〔明治23年5月発行〕／宮川大壽 編輯
府県制郡制註釈〔明治23年6月発行〕／田島彦四郎 註釈
日本法典全書 第一編 府県制郡制註釈〔明治23年6月発行〕／坪谷善四郎 著
府県制郡制義解 全〔明治23年6月発行〕／北野竹次郎 編著
市町村役場実用 完〔明治23年7月発行〕／福井淳 編纂
市町村制実務要書 上巻 再版〔明治24年1月発行〕／田中知邦 編纂
市町村制実務要書 下巻 再版〔明治24年3月発行〕／田中知邦 編纂
米国地方制度 全〔明治32年9月発行〕／板垣退助 序 根本正 纂訳
公民必携 市町村制実用 全 増補第3版〔明治25年3月発行〕／進藤彬 著
訂正増補 議制全書 第3版〔明治25年4月発行〕／岩藤良太 編纂
市町村制実務要書続編 全〔明治25年5月発行〕／田中知邦 著
地方學事法規〔明治25年5月発行〕／鶴鳴社 編
増補 町村制執務備考 全〔明治25年10月発行〕／増澤鐵 國吉拓郎 同輯
町村制執務要録 全〔明治25年12月発行〕／鷹巣清二郎 編輯
府県制郡制便覧 明治27年初版〔明治27年3月発行〕／須田健吉 編輯
郡市町村吏員 収税実務要書〔明治27年11月発行〕／荻野千之助 編纂
改訂増補鼇頭参照 市町村制講義 第9版〔明治28年5月発行〕／蟻川堅治 講述
改正増補 市町村制実務要書 上巻〔明治29年4月発行〕／田中知邦 編纂
市町村制詳解 附 理由書 改正再版〔明治29年5月発行〕／島村文耕 校閲 福井淳 著述
改正増補 市町村制実務要書 下巻〔明治29年7月発行〕／田中知邦 編纂
府県制 郡制 町村制 新税法 公民之友 完〔明治29年8月発行〕／内田安蔵 五十野譲 著述
市制町村制註釈 附 市制町村制理由 第14版〔明治29年11月発行〕／坪谷善四郎 著
府県制郡制註釈〔明治30年9月発行〕／岸本辰雄 校閲 林信重 註釈
市町村新旧対照一覧〔明治30年9月発行〕／中村芳松 編輯
町村至宝〔明治30年9月発行〕／品川彌二郎 題字 元田肇 序文 桂虎次郎 編纂
市制町村制應用大全 完〔明治31年4月発行〕／島田三郎 序 大西多典 編纂
傍訓註釈 市制町村制 並ニ 理由書〔明治31年12月発行〕／筒井時治 著
改正 府県郡制問答講義〔明治32年4月発行〕／木内英雄 編纂
改正 府県制郡制正文〔明治32年4月発行〕／大塚宇三郎 編纂
府県制郡制〔明治32年4月発行〕／徳田文雄 編輯
郡制府県制 完〔明治32年5月発行〕／魚住嘉三郎 編輯
参照比較 市町村制註釈 附 問答理由 第10版〔明治32年6月発行〕／山中兵吉 著述
改正 府県制郡制註釈 第2版〔明治32年6月発行〕／福井淳 著
府県制郡制釈義 全 第3版〔明治32年7月発行〕／栗本勇之助 森惣之祐 同著
改正 府県制郡制註釈 第3版〔明治32年8月発行〕／福井淳 著
地方制度通 全〔明治32年9月発行〕／上山満之進 著
市町村新旧対照一覧 訂正第五版〔明治32年9月発行〕／中村芳松 編輯
改正 府県制郡制 並 関係法規〔明治32年9月発行〕／鷲見金三郎 編纂
改正 府県制郡制釈義 再版〔明治32年11月発行〕／坪谷善四郎 著
改正 府県制郡制釈義 第3版〔明治34年2月発行〕／坪谷善四郎 著
再版 市町村制例規〔明治34年11月発行〕／野元友三郎 編纂
地方制度実例総覧〔明治34年12月発行〕／南浦西郷侯爵 題字 自治館編集局 編纂
傍訓 市制町村制註釈〔明治35年3月発行〕／福井淳 著
地方自治提要 全〔明治35年5月発行〕／木村時義 校閲 吉武則久 編纂
市制町村制釈義〔明治35年6月発行〕／坪谷善四郎 著
帝国議会 府県会 郡会 市町村会 議員必携 附 関係法規 第一分冊〔明治36年5月発行〕／小原新三 口述
帝国議会 府県会 郡会 市町村会 議員必携 附 関係法規 第二分冊〔明治36年5月発行〕／小原新三 口述
地方制度実例総覧〔明治36年8月発行〕／芳川顯正 題字 山脇玄 序文 金田謙 著
市町村是〔明治36年11月発行〕／野田千太郎 編纂
市制町村制釈義 明治37年第4版〔明治37年6月発行〕／坪谷善四郎 著
府県郡市町村 模範治績 附 耕地整理法 産業組合法 附属法例〔明治39年2月発行〕／荻野千之助 編輯
自治之模範〔明治39年6月発行〕／江木翼 編
実用 北海道郡区町村案内 全 附 里程表 第7版〔明治40年9月発行〕／廣瀬清澄 著述
自治行政例規 全〔明治40年10月発行〕／市町村雑誌社 編著
改正 府県制郡制要義 第4版〔明治40年12月発行〕／美濃部達吉 著
判例挿入 自治法規全集 全〔明治41年6月発行〕／池田繁太郎 著

信山社

日本立法資料全集 別巻

地方自治法研究復刊大系

仏蘭西邑法 和蘭邑法 皇国郡区町村編制法 合巻〔明治11年8月発行〕／箕作麟祥 閲 大井憲太郎 譯／神田孝平 譯
郡区町村編制法 府県会規則 地方税規則 三法綱論〔明治11年9月発行〕／小笠原美治 編輯
郡吏議員必携三新法便覧〔明治12年2月発行〕／太田啓太郎 編輯
郡区町村編制 府県会規則 地方税規則 新法例纂〔明治12年3月発行〕／柳澤武運三 編輯
全国郡区役所位置 郡政必携 全〔明治12年9月発行〕／木村陸一郎 編輯
府県会規則大全 附 裁定録〔明治16年6月発行〕／朝倉達三 閲 若林友之 編輯
区町村会議要覧 全〔明治20年4月発行〕／阪田辨之助 編纂
英国地方制度 及 税法〔明治20年7月発行〕／良保両氏 合著 水野遵 翻訳
英国地方政治論〔明治21年2月発行〕／久米金彌 翻譯
傍訓 市町村制及説明〔明治21年5月発行〕／高木周次 編纂
鼇頭註釈 市町村制俗解 附 理由書 第2版〔明治21年5月発行〕／清水亮三 註解
市制町村制註釈 完 附 市制町村制理由 明治21年初版〔明治21年5月発行〕／山田正賢 著述
市町村制詳解 全 附 市町村制理由〔明治21年5月発行〕／日鼻豊作 著
市制町村制釈義〔明治21年5月発行〕／壁谷可六 上野太一郎 合著
市制町村制詳解 全 附 理由書〔明治21年5月発行〕／杉谷庸 訓點
町村制詳解 附 市制及町村制理由〔明治21年5月発行〕／磯部四郎 校閲 相澤富蔵 編述
傍訓 市制町村制 附 理由〔明治21年5月発行〕／鶴聲社 編
市制町村制正解 附 理由〔明治21年6月発行〕／芳川顯正 序文 片貝正晉 註解
市制町村制釈義 附 理由書〔明治21年6月発行〕／清岡公張 題字 樋山廣業 著述
市制町村制釈義 附 理由 第5版〔明治21年6月発行〕／建野郷三 題字 櫻井一久 著
市町村制註解 完〔明治21年6月発行〕／若林市太郎 編輯
市町村制釈義 全 附 市町村制理由〔明治21年7月発行〕／水越成章 著述
傍訓 市制町村制註解 附 理由書〔明治21年8月発行〕／鯰江貞雄 註解
市制町村制註釈 附 市制町村制理由 3版増訂〔明治21年8月発行〕／坪谷善四郎 著
市制町村制註釈 完 附 市制町村制理由 第2版〔明治21年9月発行〕／山田正賢 著述
傍訓註釈 日本市制町村制 及 理由書 第4版〔明治21年9月発行〕／柳澤武運三 註解
鼇頭参照 市町村制註解 完 附 理由書及参考諸令〔明治21年9月発行〕／別所富貴 著述
市町村制問答詳解 附 理由書〔明治21年 9 月発行〕／福井淳 著
市制町村制註釈 附 市制町村制理由 4版増訂〔明治21年9月発行〕／坪谷善四郎 著
市制町村制 並 理由書 附 直接間接税類別 及 実施手続〔明治21年10月発行〕／高崎修助 著述
市町村制釈義 附 理由書 訂正再版〔明治21年10月発行〕／松木堅葉 訂正 福井淳 釈義
増訂 市制町村制註解 全 附 市制町村制理由挿入 第3版〔明治21年10月発行〕／吉井太 註解
鼇頭註釈 市町村制俗解 附 理由書 増補第5版〔明治21年10月発行〕／清水亮三 註解
市町村制施行取扱心得 上巻・下巻 合冊〔明治21年10月・22年2月発行〕／市岡正一 編纂
市制町村制傍訓 完 附 市制町村制理由 第4版〔明治21年10月発行〕／内山正如 著
鼇頭対照 市町村制解釈 附理由書及参考諸布達〔明治21年10月発行〕／伊藤寿 註釈
市制町村制俗解 明治21年第3版〔明治21年10月発行〕／春陽堂 編
市制町村制詳解 附 理由 第3版〔明治21年11月発行〕／今村長善 著
町村制実用 完〔明治21年11月発行〕／新田貞橘 鶴田嘉内 合著
町村制精解 完 附 理由書 及 問答録〔明治21年11月発行〕／中目孝太郎 磯谷群爾 註釈
市町村制問答詳解 附 理由 全〔明治22年1月発行〕／福井淳 著述
訂正増補 市町村制問答詳解 附 理由 及 追輯〔明治22年1月発行〕／福井淳 著
市町村制質問録〔明治22年1月発行〕／片貝正晉 編述
鼇頭傍訓 市制町村制註釈 及 理由書〔明治21年1月発行〕／山内正利 註釈
傍訓 市町村制 及 説明 第7版〔明治21年11月発行〕／高木周次 編纂
町村制要覧 全〔明治22年1月発行〕／浅井元 校閲 古谷省三郎 編纂
鼇頭 市制町村制 附 理由書〔明治22年1月発行〕／生稲道蔵 略解
鼇頭註釈 町村制 附 理由 全〔明治22年2月発行〕／八乙女盛次 校閲 片野続 編釈
市町村制実解〔明治22年2月発行〕／山田顕義 題字 石黒磐 著
町村制実用 全〔明治22年3月発行〕／小島鋼次郎 岸野武司 河毛三郎 合述
実用詳解 町村制 全〔明治22年3月発行〕／夏目洗蔵 編集
理由挿入 市町村制俗解 第3版増補訂正〔明治22年4月発行〕／上村秀昇 著
町村制市制全書 完〔明治22年4月発行〕／中嶋廣蔵 著
英国市制実見録 全〔明治22年5月発行〕／高橋達 著
実地応用 町村制質疑録〔明治22年5月発行〕／野田籐吉郎 校閲 國吉拓郎 著
実用 町村制市制事務提要〔明治22年5月発行〕／島村文耕 輯解
市町村条例指鍼 完〔明治22年5月発行〕／坪谷善四郎 著
参照比較 市町村制註釈 完 附 問答理由〔明治22年6月発行〕／山中兵吉 著述
市町村議員必携〔明治22年6月発行〕／川瀬周次 田中迪三 合著